納豆の食文化誌

横山智 著

農文協

納豆の食文化誌

目次

発酵に特定の植物の菌が関係していることが著しい特色で、
ナットウはいわば大豆と植物と
それにつく菌の三種の、植物複合文化となっている。

中尾佐助（1992）「ナットウ―「分布と年代」の仮説―」
中尾佐助・佐々木高明『照葉樹林文化と日本―フィールド・ワークの記録』くもん出版、198-200頁。

はじめに——アジアに広がる納豆食文化

発酵研究の歴史

発酵の生化学的プロセスが解明されたのは意外と新しい。それはワインの研究から始まった。ヨーロッパでワイン製造業が成長するとともに、その原理を明らかにして、より美味しいワインを安定的に生産したいという要求が高まってきたことが研究の発端であった。

18世紀末に「近代化学の父」とされるアントワーヌ・ラヴォアジエによって、糖が二酸化炭素とエタノールに分解されるアルコール発酵のプロセスが生化学的に説明された。19世紀初期にはジョセフ・ルイ・ゲイ＝リュサックらによって、アルコール発酵の化学式がつくられた。しかし、その時点では、糖が何によって二酸化炭素とエタノールに分解されるのか解明できておらず、多くの学者の間で論争が繰り返された。

19世紀中期、この論争に終止符を打ったのがルイ・パスツールであった。パスツールは、微生物の一種である酵母の作用によって、糖から二酸化炭素とエタノールが生成するアルコール発酵を証明した。またアルコール発酵だけではなく、乳酸菌によって糖から乳酸が生成される乳酸発酵、酢酸菌によってエチルアルコールから酢酸が生成される酢酸発酵などの研究を通じて、それぞれ固有の微生物の働きによって発酵が生じることを解明した。

それまで、我々の先祖は存在も実体も知られていなかった酵素や菌を日常的に利用していた。日本では、酒、酢、味噌、醤油、納豆、ナレズシなど、そして欧米では、ビール、ワイン、チーズ、バター、ヨーグルトなどの発酵食品の製法が太古の昔から受け継がれてきた。微生物の知識もなく、生化学分析も行われていなかった時代から、発酵食品をつくるために適した品質の米、麦、ブドウ、大豆、魚、動物の乳などの材料を選別し、それらを発酵させるための菌株を選定し、さらに発酵させる道具をつくり出し、場所に気を遣い、温度や水素イオン濃度などを管理し、良質の発酵食品をつくり続けてきたのである。発酵食品を永年の経験だけを頼りにつくり続けてきた先祖の実践は、まさに驚嘆に値する。

納豆研究の幕開けと日本の納豆

生化学と微生物学の研究が進展するにつれ、発酵メカニズムのベールが次々に剥がされ、日本の伝統食である納豆をつくる菌の特徴も解明された。それは、パスツールによって解明された発酵のメカニズムから半世紀後のことであった。

稲ワラでつくられた納豆から菌を初めて分離したのは１８９４年（明治27）、農科大学（現東京大学農学部）の矢部規矩治であった。[†1] 矢部は、日本で初めて納豆の菌を研究しただけではなく、清酒のもろみから清酒酵母を分離したことでも知られている。[†2] 納豆の菌は、バチルス属（*Bacillus* spp.）の枯草菌（*Bacillus subtilis*）と考えられていたが、１９０５年（明治38）に農科大学の澤村眞が同じく納豆から菌を分離し、[†3] 枯草菌とは異なる新種と同定し、納豆菌（*Bacillus natto* SAWAMURA）と名付けた。[†4] 澤村は、納豆をつくる菌は糸を引くネバネバの物質（グルタミン酸ポリマー：γＰＧＡ）を生成するので従来の枯草菌の特徴とは異なる新種としたのである。しかし、その後の研究で納豆菌以外の枯草菌でもγＰＧＡが生成されることが判明し、現在、納豆菌と命名された*B. natto* SAWAMURAは、枯草菌*B. subtilis*の一種とみなされている。[†5] したがって、微生物分類学的には、「納豆菌」と呼ばれる種は存在しない。

にもかかわらず、日本では「納豆菌」という呼称がいまだに使われているのには訳がある。それは、糸引き納豆は、どの枯草菌でも良いわけではないからである。糸引き納豆の製造に適している枯草菌はきわめて限られている。糸引きが強く（γＰＧＡの生産能力が高く）、煮豆を納豆に変えるのに適した特定の枯草菌の亜種*Bacillus subtilis* subsp. *subtils*に含まれる系統である。これを、業界では「納豆菌」と称している。[†6] そして日本では、稲ワラでつくられていた納豆から分離した数種類の納豆菌株を用いて納豆が生産されるようになった。

調味料として使われるアジア納豆

日本の伝統食と思われている納豆は、東アジア、東南アジア、ヒマラヤなど、日本以外でもつくられている。[†7] 私が初めて海外で納豆を見つけたのは、ラオス北部の世界遺産の町、ルアンパバーンを訪れた2000年であった。その納豆は、糸も引かず、強烈なアンモニア臭を放っていて、食べると強烈な臭いが鼻をついたが、味は日本の納豆と同じであった。これを契機に、私はアジア各地の納豆を調査し始めた。

調査を進めると、アジアの納豆と日本の納豆の間には、大きな違いがあることがわかってきた。アジアの納豆には、ご飯の「おかず」として食べる利用がほとんど見られなかったのである。ご飯と一緒に食べる納豆は、ミャンマー・カチン州と中国雲南省徳宏タイ族ジンポー族自治州（以降は中国徳宏と略記）などの一部地域だけに見られる食べ方であった。

アジアで納豆がつくられている地域は、主にタイ系民族の人たちが住むミャンマー・シャン州、タイ北部、ラオス北部、ベトナム北部、中国雲南省南部などの東南アジア大陸部である。それらタイ系民族がつくる納豆の多くは、潰してセンベイ状にして天日乾燥させて調味料として使うのが特徴である（写真1）。高温多湿の気候では、納豆の発酵が進み過ぎてアンモニア特有の腐敗臭が発生するので長期保存が難しい。しかし、乾燥させて発酵を止めることで長期保存を可能としている。タイ系民族が住む地域に共通して見られるセンベイ状の納豆は、ミャンマーでは、タイ系民族以外のパオ族、チン族、インダー族もつくっており、いずれも調味料として利用されていた。

うま味文化圏再考

調味料といえば、日本では醤油と味噌、東南アジアでは魚醤が広く普及している。いずれの調味料も、うま味成分のグルタミン酸を多く含むことが特徴である。アジアには「うま味文化圏」なる食文化圏が存在し、東アジアは豆豉（とうし）、醤油、味噌などの大豆発酵の調味料が卓越する「穀醤

写真1　ミャンマーのセンベイ状の調味料納豆。2004年9月、シャン州

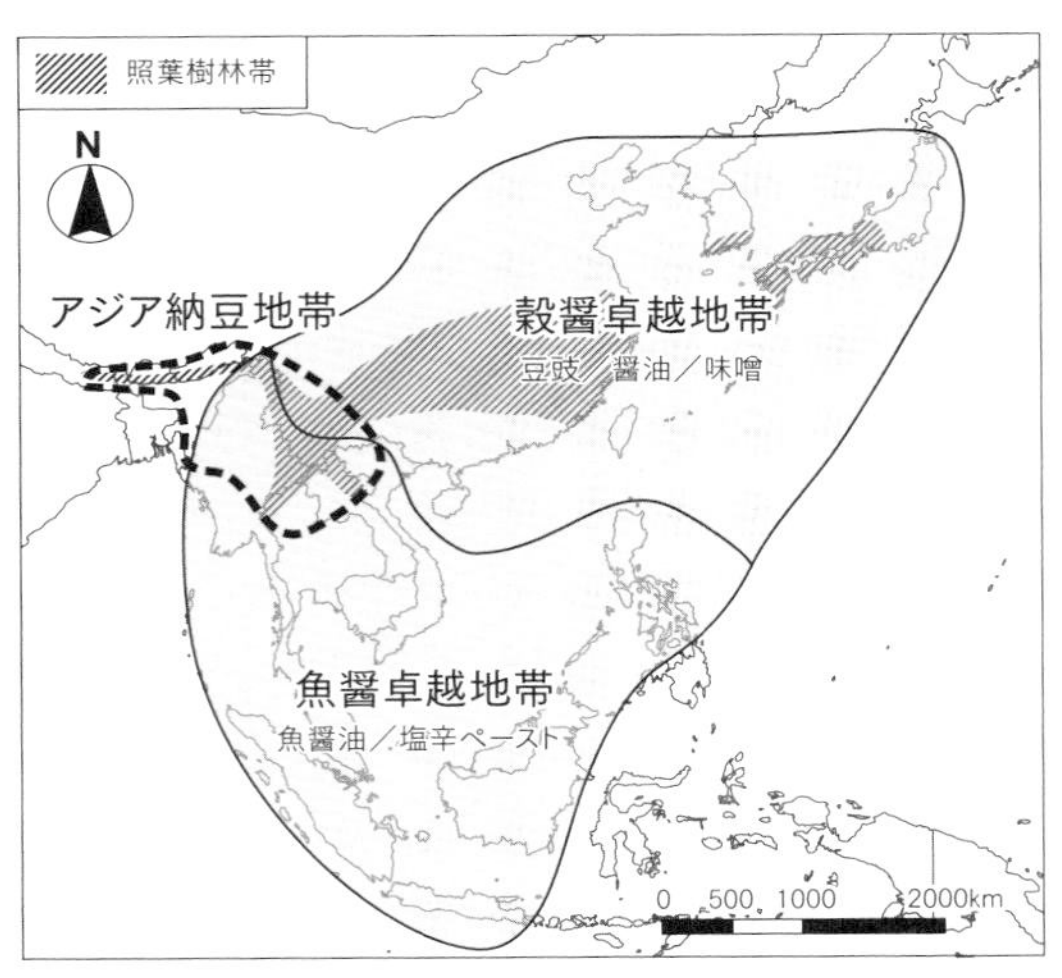

図1　アジアのうま味文化圏

出典：横山智（2018）「日本納豆とアジア納豆：おかずか調味料か？」『科学』88（12）、1228–1234頁／石毛直道・ケネス＝ラドル（1990）『魚醤とナレズシの研究—モンスーン・アジアの食事文化—』岩波書店を加筆修正

卓越地帯」、そして東南アジアは魚醤や塩辛などの魚介類発酵の調味料が卓越する「魚醤卓越地帯」に分けられる[†8]（図1）。

ところが、「穀醤卓越地帯」と「魚醤卓越地帯」の境界に広がる照葉樹林帯には、穀醤でも魚醤でもない調味料として納豆が使われている。納豆にもうま味成分が多く含まれており、納豆を食べるだけでなく、調味料として使う地域は広い範囲に及ぶ。これまで、調味料として使われる納豆はほとんど無視されてきたが、東南アジアとヒマラヤの納豆も含めて「うま味文化圏」を再考すべきである。

東南アジアとヒマラヤで納豆がつくられている地域には、特徴的な納豆の生産と利用が見られ、各地独特の「納豆食文化」が存在する。この地域を本書では、「アジア納豆地帯」と称し、そこでつくられている納豆を「アジア納豆」と呼ぶことにする。しかし、穀醤卓越地帯に位置する日本では、大豆を発酵させた味噌と醤油は調味料として使われるが、同じく大豆を発酵させた納豆を調味料として使う食文化は見られない。味噌と醤油は調味料だが、納豆はおかずなのだ。なぜアジア納豆は調味料となり、日本納豆は調味料として使われずおかずとなったのだろうか。

稲ワラか葉っぱか

アジア納豆と日本納豆の違いは、利用方法だけではない。大豆を発酵させるための菌の供給方法も大きく異なる。

かつて日本納豆は稲ワラを菌の供給源としており、現在は稲ワラで発酵させた納豆から菌を分離し、それを純粋培養した納豆菌をふりかけて大豆を発酵させている。すなわち、日本納豆の菌のふるさとは稲ワラである。

しかし、アジア納豆で稲ワラを使って納豆をつくっている地域は、ミャンマー・シャン州の一部だけであった。アジア納豆の生産者は、居住地近くに自生している植物の葉を取ってきて、その葉で大豆を発酵させている。葉の種類はさまざまである。納豆をつくっている隣り合う2軒の家が、それぞれ違う葉っぱを使っていた例も見られ[†9]、地域によって使う葉っぱの種類が決まっているわけでもない。納豆は稲ワラでつくるものという、日本人が持つ既成概念を覆すつくり方が見られる。

枯草菌は大抵の植物に付着しており、しかも大豆を包むのに適した大きな葉は日本でも簡単に手に入るのだから、稲ワラに固執する必要はない。しかも、稲ワラで何かを包もうとすれば、編んだり苞（つと）をつくったりしなければならず、加工を要する。我々の祖先は納豆をつくるために、いろいろな植物を試した結果、稲ワラだけを使うようになったのであろうか。それとも、稲ワラ以外の植物を試す努力を怠ったのだろうか。大豆を包んで納豆菌を供給するために使われる材料が稲ワラに収斂した理由についても検討が必要である。

本書の視点

植物学者の中尾佐助は、「ナットウはいわば大豆と植物とそれにつく菌の三種の、植物複合文化となっている」と述べる。[†10]

アジア納豆は、大豆を大きな葉っぱに包んだり、竹カゴの内側に植物の葉を敷いて煮豆を入れたりして発酵させている。まさに、「大豆」「菌」「植物」の三種が一体となってつくりあげた植物複合文化である。しかし日本では、1950年代後半（昭和30年代前半）以降、稲ワラを納豆菌の供給源とするつくり方が消滅した。「植物」が日本納豆から抜け落ち、「大豆」と「菌」の2種だけでつくられるようになった。日本において「植物」が納豆生産から切り離されたのは、生化学と微生物学研究の進歩によって菌が特定され、それを培養することができるようになったからである。アジア納豆と日本納豆を比較すると、日本納豆だけがきわめて工業化され、しかも利用の多様性も失われている状況である。しかし近年、一度は切り離された「植物」を再度取り込む動き、すなわち稲ワラ納豆を復活させる試みも見られる。

一方、アジア納豆も変化に直面している。アジア各地では、納豆が魚醤や味の素のようなうま味調味料に置き換わりつつある。アジア納豆が調味料として使われているがゆえに、ほかの調味料との競争が生じているのである。

本書では、日本納豆とアジア納豆を比較することによって、日本でおかずとして利用されている納豆の特徴を明らかにし、さらにアジア納豆の調味料としての利用にもフォーカスをあて、まだ十分に議論されていない「納豆食文化」について論じてみたい。その際、中尾が指摘した植物複合文化の視点だけではなく、各地の食文化における納豆の歴史とその位置づけ、納豆をつくる技術や自然資源利用、そして納豆をつくっている人たちを取り巻く社会にも目を配りたい。

本書でターゲットとする納豆

前著『納豆の起源』（ＮＨＫブックス）では、納豆を「塩を加えずに大豆を枯草菌によって発酵させていること」と定義した。[†11] 本書では、その定義から外れるが、日本では納豆と呼ばれている「塩辛納豆」（写真2）やインドネシア・ジャワ島の「テンペ」（写真3）も取り上げる。これらは、大豆をカビで発酵させている食品だが、枯草菌で大豆を発酵させている納豆と比較することで、発酵大豆を用いた食文化の共通性と特殊性をより浮き立たせることができる。

アジア納豆は、これまでの調査結果から「東南アジア・タイ系」、「東南アジア・カチン系」、「ヒマラヤ・チベット系」、「ヒマラヤ・ネパール系」の4系統に分けることができる。

「東南アジア・タイ系」の納豆は、主にタイ系民族が住むミャンマー・シャン州、タイ北部、ラオス北部、ベトナム北部、中国雲南省南部の東南アジア大陸部でつくられている。先にも説明した通り、センベイのように平たくしてから乾燥させ、調味料として利用する。また、ひき割り状の納豆も見られ、モチ米につけたり、麺に入れて食べたりする。

「東南アジア・カチン系」の納豆は、東南アジア大陸部のタイ系民族ではないカチンと呼ばれる人々が住むミャンマー・カチン州および中国徳宏でつくられている。この地域では大豆を植物の葉に包んで発酵させており、その形状は日本人が食べている糸引き納豆と同じ粒状が多い（写真4）。しかも、ご飯と一緒におかずとして食べる点も日本と似ている。

ヒマラヤ東部のインドのアルナーチャル・プラデーシュ州からブータン東部にかけてつくられている「ヒマラヤ・チベット系」の納豆は、味噌のように長期熟成させる点が特徴である（写真5）。トウガラシと納豆を混ぜたソースをつくり、いろいろなものにかけて食べたり、スープな

写真2　「大徳寺納豆 本家磯田」の塩辛納豆。2019年7月、京都

写真3　インドネシアのテンペ。2018年3月、ジョグジャカルタ特別州

写真4　粒状の糸引き納豆。2015年7月、雲南省徳宏タイ族ジンポー族自治州瑞麗市

写真5　熟成させるブータンの納豆。2016年10月、タシヤンツェ県

写真6　ネパールの干し納豆。2014年8月、コシ県

どに入れて調味料として使ったりする。

「ヒマラヤ・ネパール系」の納豆は、インド北東部のシッキム州とネパール東部のヒマラヤで「キネマ」と呼ばれている。納豆を長期保存するために、干し納豆に加工し、水で戻してカレーに混ぜて食べるのが一般的である（写真6）。

これまでの納豆の起源は、どこか1カ所でつくられ始め、そこから各地に伝播したとする一元起源説が主流であった。しかし、各地の納豆のつくり方やその形状、そして民族の出自や移動の歴史を踏まえて考えると、煮豆を放置したら食べられる納豆のようなものができて、それぞれの地域で独自に進化して現在に至ったと考えたからである。そして、前著『納豆の起源』で提示したのが、4つの系統それぞれ独自に納豆が発展したとする納豆の多元起源説である[†12]（図2）。

日本の納豆については、その起源を論じることは難しいが、地域の食文化と納豆利用との関係は十分に議

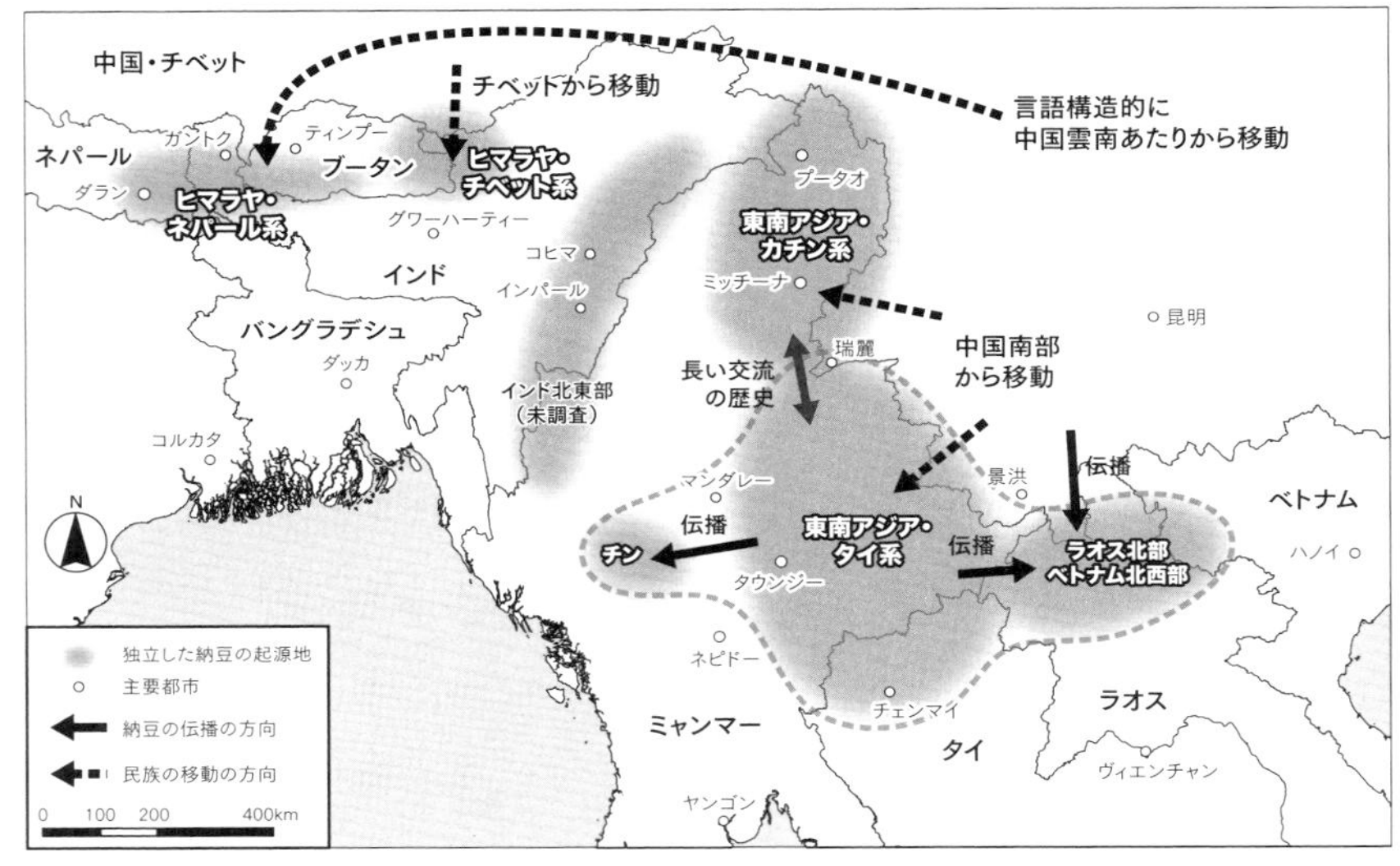

図2　納豆の起源

出典：横山智（2014）『納豆の起源（NHKブックス1223）』NHK出版、292頁を一部修正

論されていない。特に納豆汁をつくったり、納豆に麹を混ぜたりする東北地方は、アジア納豆と同じような調味料としての利用が見られ、ユニークな納豆食文化が形成されている。おかずではない日本納豆の利用は、これまでほとんど注目されてこなかった。アジアだけでなく、日本の納豆食文化にも光をあてることも本書の目的の一つである。

「東南アジア・タイ系」と「東南アジア・カチン系」の納豆がつくられているラオス・タイ・ミャンマー・ベトナム・中国、そして「ヒマラヤ・チベット系」と「ヒマラヤ・ネパール系」の納豆がつくられているインド・ブータン・ネパール、さらに日本国内と「テンペ」を生産しているインドネシアを加え、多様な発酵大豆を紹介しながら納豆食文化を論じていこう。

01

植物で決まる納豆の味

納豆をつくるための枯草菌は、植物から供給される。培養した納豆菌をふりかけてつくっている日本納豆とは異なり、アジア納豆をつくる現地の人たちは、菌の供給源として多様な植物を利用している。アジア納豆の生産者は、菌の科学的な分析などしていない。彼らは、どのように植物を選択し、どのような納豆をつくっているのか。枯草菌を供給する植物の利用から、多様性に富むアジア納豆の実態に迫る。

稲ワラ納豆を探して

日本の納豆は培養した菌をふりかけて発酵させているが、かつては稲ワラで苞（つと）を作り、煮豆を包んで納豆をつくっていた。稲ワラについている枯草菌で煮豆を発酵させていたのである。韓国の納豆である清麹醤（チョングッチャン）の発酵も日本の納豆と同じような状況であり、次のように述べられている。

> 伝統的には、清麹醤は自然発酵に依存しており、昔の人々は茹でた大豆に稲ワラを使って枯草菌を接種していた。現在は、伝統的な清麹醤または稲ワラから菌株を純粋に分離し、それを発酵のスターターとして使っている。[†1]

納豆をつくるために稲ワラを使う地域は日本と韓国以外にはないのかと思いきや、共立女子大学の調査チームが書いた論文に「ワラを底に敷いた深さのあるカゴに入れて、上から麻袋を被せて仕込む」という納豆のつくり方が記されていた。[†2] ミャンマーのシャン州ナンカン近くの民家で調査した納豆の記録である。アジア納豆も稲ワラを菌の供給源として利用しているようだ。日本以外で、稲ワラで発酵させている納豆を見てみたい。

ところが、２００７年からアジア納豆の生産者調査を開始したが、稲ワラ納豆とは出会えない

写真1　納豆の発酵に使われる稲ワラ。2014年9月、シャン州

まま何年もの月日が経過した。そして、２０１４年9月に実施した3回目のミャンマー調査で、ようやく念願の稲ワラ納豆と出会うことができた。それは、共立女子大学の調査チームの報告と同じシャン州であったが、まったく違う場所で、州都タウンジー近くのタウンニーという村であった。

生産者は中国徳宏出身の中国人であった。底に稲ワラを敷いた竹カゴの中にプラスチック・バックで包んだ煮豆を入れて発酵させていた。しかし、竹カゴの底に敷かれた稲ワラは、使い古されてヨレヨレになっている（写真1）。プラスチック・バックは、つくる度に洗うが、近くの農家からもらってくる稲ワラは何度も繰り返し使い、朽ちるまで交換しない。発酵直後の状態は確認できなかったが、弱い糸引きがあるらしい。その納豆は、電動のミンチ機で潰した後、トウガラシ、塩、根ニラを混ぜて、円形もしくは厚い四角形の乾燥センベイ状に加工する。その生産者は、祖父母から稲ワラを使うと美味しい納豆ができると教わったので、稲ワラを使っていると言う。

稲ワラで包まれたアジア納豆

タウンジー県で稲ワラ納豆を見つけた翌日、同じシャン州のロイレン県の納豆生産地として有名なシャン族のコンロン村を訪ねた。乾燥センベイ状の納豆を干していた家を見つけたので話を伺った。発酵中の納豆はなかったが、発酵に使う竹カゴを見せてもらうと、稲ワラが竹カゴの底に敷き詰められていた。タウンニー村で使われていたようなヨレヨレの稲ワラと違い、シャキっとした新鮮な稲ワラであった。村人に「発酵中の納豆がないか」と尋ね歩いたところ、トパンゴイさんの家を紹介された。そこで私は初めて稲ワラで包んで発酵させている納豆を見ることができた（写真2）。煮豆はプラスチック・バックに入っているが、上下も側面もすべて稲ワラで覆われていた。

稲ワラを使う点でアジア納豆と日本納豆の共通性を確認できたことに喜びを感じていたのも束の間、周りの人たちは「稲ワラよりもシダで発酵させた納豆のほうが美味しい」と言い、トパンゴイさんの隣に住む女性が、実際に発酵で使っていたシダを持って来た（写真3）。

この村を訪れたのは9月上旬で、モンスーン気候のミャンマーでは雨季の終わりに差しかかる時であった。集落近くに生えているシダは乾季で使い果たしてしまい、雨季になると遠くの森に行かなければ入手が困難になる。雨季でも森にシダを取りに行く世帯もいるが、トパンゴイさんは森まで行くのは大変なので、ウシの飼料として保管していた稲ワラを使っていたのである。雨季は稲ワラを使うのが村では一般的である。シダを持って来た女性は、雨季でも美味しい納豆をつくりたいので、乾季に多めにシダを採取して、乾燥保管したものを利用していた。

コンロン村では、何度も稲ワラを使い回す中国徳宏出身の生産者とは異なり、稲ワラもシダも使い回さずに、1回で捨てていた。納豆をつくるための菌の供給源として、稲ワラよりもシダのほうが重宝されている地域もある。ただし、乾燥センベイ状の納豆をつくる地域では、糸引きを

写真2　稲ワラで包んで発酵させる納豆。2014年9月、シャン州

写真3　納豆の発酵に使っていたシダ。2014年9月、シャン州

重視しないので、稲ワラであろうが、シダであろうが、納豆の糸引きは弱い。

シダ納豆は美味しい

大豆の発酵にシダを使うとは、意外に思うかもしれない。しかし、タイ・チェンマイ県、そしてミャンマー・シャン州タウンジー周辺では、シダで煮豆を発酵させた納豆がつくられていることは、すでに報告されている。[†3] そして、現地調査でもコンロン村以外のさまざまな場所でシダが使われていた（表1）。

２０１４年の調査で強く私の記憶に刻まれている納豆は、パオ族のマッティンジーさんがシダでつくった納豆である。州都タウンジーの市場ではたくさんの乾燥センベイ状の納豆が売られていたが、粒状の納豆を販売していたのは彼女だけであった。日本納豆と比べると臭いが弱く、しかも糸引きはほとんどなかった。しかし、納豆の味はしっかりとしていて、これなら納豆嫌いの人でも食べられると思える納豆であった。

納豆の生産を見せてもらうために、タウンジー郊外にある彼女の自宅を訪ねると、すでに森から取ってきたシダを側面に敷いた竹カゴが用意されていた。そこに茹で上がったばかりの大豆を、鍋から直接竹カゴに入れる（写真4）。水切りをよくするためにカゴの下には葉を敷かない。かつては、竹の葉をカゴに敷いていたが、30年前にいつも納豆を売りに来ていた隣村の人から、シダ

表1　アジア納豆で菌の供給源として使われている植物

系	国	場所	民族	枯草菌の供給源*	納豆の形状	調査年
タイ	タイ	チェンマイ県	コンムアン	チーク	ひき割り／乾燥センベイ	2009年
	タイ	メーホンソン県	タイ・ヤイ	チーク／フタバガキ科フタバガキ属	ひき割り／乾燥センベイ	2009年
	ラオス	ポンサーリー県	タイ・ルー	クズウコン科フリニウム属	乾燥センベイ	2013年
	ベトナム	ソンラー省イェンチャウ県	タイ・ダム	バナナ	ひき割り	2016年
	ミャンマー	シャン州ラーショー県	シャン	チーク／フタバガキ科フタバガキ属	乾燥センベイ	2009年
	ミャンマー	シャン州ロイレン県	シャン	シダ／稲ワラ	乾燥センベイ	2014年
	ミャンマー	シャン州タウンジー県	パオ	シダ	粒／乾燥センベイ	2014年
	ミャンマー	チン州ミンダッ県	ムン・チン	バナナ	粒／乾燥センベイ	2014年
	ミャンマー	マグウェ管区ガンゴー県	チン・ボン	チーク	乾燥センベイ	2014年
	ミャンマー	マグウェ管区ガンゴー県	ヨー	ヤンバルナスビ	粒／乾燥センベイ	2014年
カチン	ミャンマー	カチン州ミッチーナ県	ジンポー	イチジク	粒	2009年
	ミャンマー	カチン州プータオ県	ジンポー	クワ科パンノキ属／クズウコン科フリニウム属とクワ科パンノキ属の組み合わせ	粒	2014年
	ミャンマー	カチン州プータオ県	リス	クズウコン科フリニウム属とバナナの組み合わせ	粒／乾燥センベイ	2014年
	中国	雲南省徳宏タイ族ジンポー族自治州瑞麗市	徳宏タイ	イチジク	粒	2015年
	中国	雲南省徳宏タイ族ジンポー族自治州瑞麗市	ジンポー	チーク／イチジク	粒	2015年
	中国	雲南省徳宏タイ族ジンポー族自治州瑞麗市	パラウン	クズウコン科フリニウム属	熟成ひき割り	2015年
チベット	インド	アルナーチャルプラデーシュ州西カメン県	モンパ(ディランモンパ)	シャクナゲ／シソ科クサギ属／ウコギ科ブラサイオシプス属／ウコギ科フカノキ属	味噌状	2013年
	ブータン	タシヤンツェ県	シャショッパ	バナナ	味噌状	2016年
ネパール	インド	シッキム州東シッキム県	リンブー	シダ	干し納豆	2012年
	インド	シッキム州南シッキム県	ライ	イチジク／バナナ／食用カンナ	干し納豆	2012年
	ネパール	コシ県	リンブー	チーク／ムラサキ科チシャノキ属／マメ科ハカマカズラ属	干し納豆	2014年
	ネパール	コシ県	ライ	バナナ／フタバガキ科ショレア属	干し納豆	2014年

＊チーク（シソ科チーク属：*Tectona grandis*），フタバガキ科フタバガキ属（*Dipterocarpus tuberculatus*），クズウコン科フリニウム属（*Phrynium pubinerve*），バナナ（*Musa* spp.），ヤンバルナスビ（ナス科ナス属：*Solanum erianthum*），イチジク（クワ科イチジク属：*Ficus* spp.），クワ科パンノキ属（*Artocarpus* spp.），シャクナゲ（ツツジ科ツツジ属：*Rhododendron hodgsonii*），シソ科クサギ属（*Clerodendrum* spp.），ウコギ科ブラサイオシプス属（*Brassaiopsis* spp.），ウコギ科フカノキ属（*Schefflera* spp.），食用カンナ（カンナ科カンナ属：*Canna edulis*），ムラサキ科チシャノキ属（*Ehretia* spp.），マメ科ハカマカズラ属（*Bauhinia vahlii*），フタバガキ科ショレア属（*Shorea robusta*）、シダは同定を行っていない。

で発酵させたほうが美味しい納豆ができると教えてもらった。試してみたら、竹の葉よりも美味しい納豆ができたので、それ以降シダを使うようになった。

そして、シダはヒマラヤ・ネパール系のインド・シッキム州の納豆でも使われていた（写真5）。かつては、イチジク（クワ科イチジク属 *Ficus* spp.）の葉を使っていたが、シダで発酵させた納豆のほうが良い香りがするので、40〜50年ぐらい前からイチジクの葉を使わなくなった。この納豆のつくり方については、第8章で詳しく触れることにする。

写真4　シダを側面に敷いた竹カゴに茹で上がったばかりの大豆を移して発酵させる。2014年9月、シャン州

写真5　シダを敷きつめたカゴに割った大豆を移して発酵させる。2012年9月、シッキム州

遠く離れたミャンマーとインドの2地域で、異なる民族が偶然にも同じ植物を使い、まったく同じつくり方をしていたのである。菌を供給する植物としてシダが選ばれたのは、納豆の味が決め手となったからであろう。

粘りの王者はイチジクとパンノキ

インド・シッキム州では、イチジクで発酵させていた納豆がシダへと変化した。しかし、イチジクの葉は、糸引きの強い納豆をつくる人たちが好んで使う菌の供給源となっている。とくに、粒状の納豆を食べる東南アジア・カチン系の地域には、イチジクを利用する生産者が多い（表1）。2009年8月に訪れたカチン州の州都ミッチーナの市場では、大きな葉に包まれた納豆が売られていた。その葉を開けると糸引き納豆が現れる（写真6）。その葉はイチジクで、葉1枚にちょうど1食分ぐらいの納豆が包まれていた。この納豆を売っていたザイワ人のバンムムさんの家を訪ねると、イチジクの木が庭に植えられており、「この木の葉を使っている」と教えてくれた。彼女によると、糸引きが強い納豆がよく売れると言う。ミャンマーのカチン州ミッチーナのような粒状のまま納豆を食べる地域では糸引きが求められるようだ。

2014年3月にミャンマー最北の地であるカチン州プータオ県を訪れた。プータオ市内中心部の市場では、植物の葉に包まれた納豆は売られていなかった。納豆を生産しているラワン人

写真6　イチジクの葉に包んで発酵させた納豆。2009年8月、カチン州

写真7　納豆生産に使う2種類の葉。2014年3月、カチン州

の家を2軒訪ねたところ、茹でた大豆をプラスチック・バックに入れて発酵させていた。プータオの東に位置する小さな町のマッチャンボーにも足を延ばし、市場で納豆を売っているジンポー人のアウンラーさんの家を訪ねた。その家では、外側にフリニウム（クズウコン科フリニウム属 *Phrynium pubinerve*）の葉を十字に2枚置き、内側にパンノキ（クワ科パンノキ属 *Artocarpus* spp.）の葉を敷いて煮豆を入れていた（写真7）。発酵中は、葉をしっかりと紐で縛って囲炉裏の上などの暖かい場所に3～4日間置く。

調査最終日、ヤンゴンに戻る前にプータオ市郊外の空港市場に納豆を探しに行った。しかし、

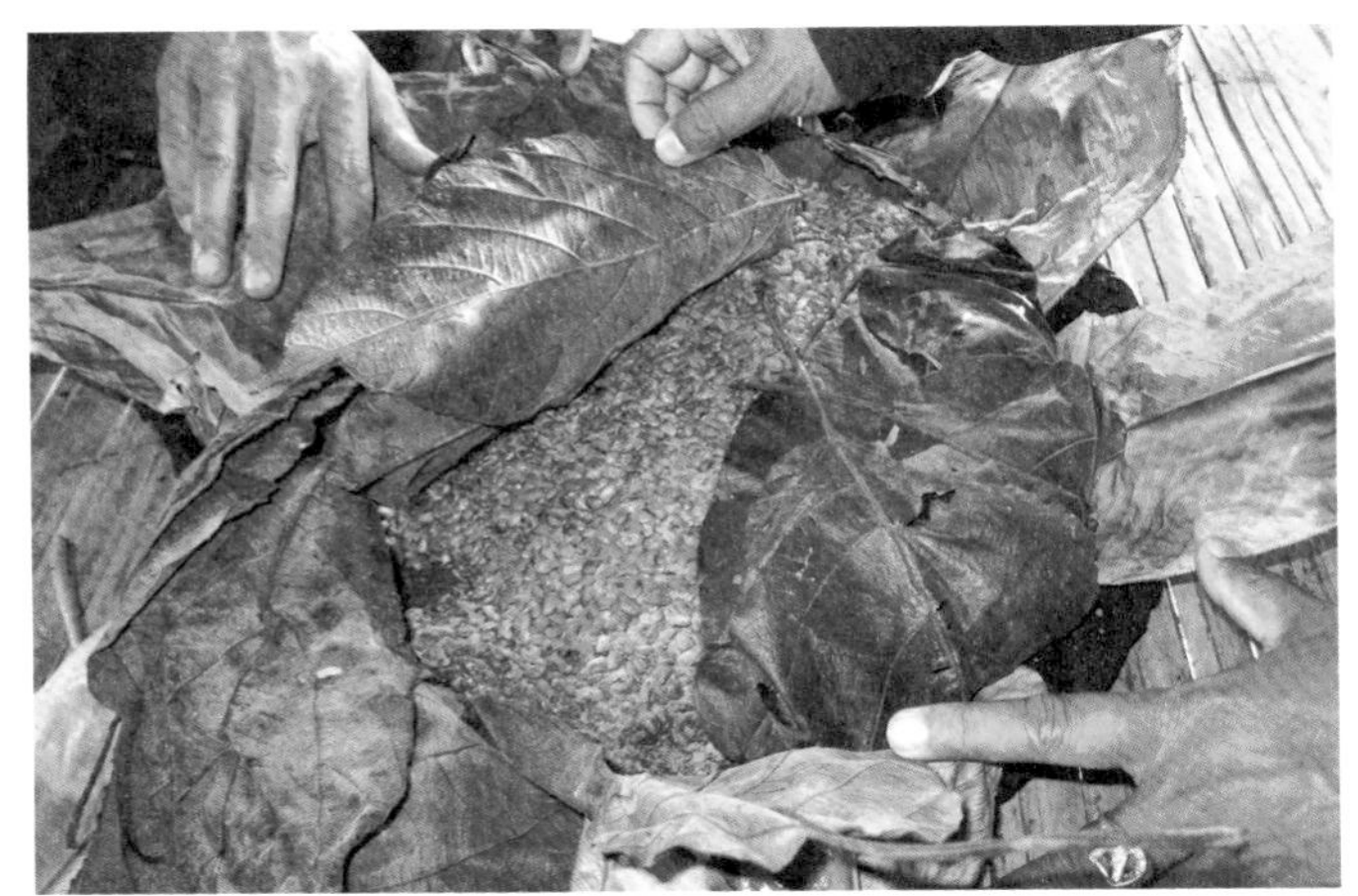

写真8　ザルの上に敷いた2種類の葉に包んで発酵させる納豆。2014年3月、カチン州

写真9　葉に包まれた納豆を売る生産者。2015年7月、雲南省徳宏タイ族ジンポー族自治州瑞麗市

市場を訪れたのが9時頃であったので、すでに納豆を売る人は家に戻ってしまったようだ。市場の人に聞くと、ジンポー人のドジャナさん（50歳）が毎朝、納豆を売っていると教えてくれたので、その家に直接行ってみた。彼女の家に行くと、大豆を茹でている最中で、しかも囲炉裏の上には発酵中の納豆があった。そのつくり方は、マッチャンボーのアウンラーさんと似ており、浅いザルにフリニウムを敷いて、その上にパンノキの葉を載せて煮豆を入れていた（写真8）。外側の大きなフリニウムの葉は大量の煮豆がこぼれないようにするために使っており、菌を供給する発酵源となっているのは主にパンノキの葉と考えられる。これまでアジア納豆を調査してきて、2種類の植物の葉を使って納豆をつくる地域は、カチン州プータオ県でしか確認できていない。マッチャンボーとプータオで見たパンノキの葉で発酵させた納豆は、どちらも強い糸引きがある。

ミャンマー・カチン州で糸引き納豆をつくっていたザイワ人やジンポー人は、中国徳宏にも多く住んでいる。中国徳宏の納豆については、笹、ビワ、ワラ、チークなどが菌の供給源として使われていることが報告されているが、[↑4] ミャンマーで見たイチジクやパンノキの葉を使っているとの報告はない。どうやって納豆をつくっているのかを確かめるために、2015年7月に中国徳宏で調査を行った。瑞麗（ルイリー）市の市場では、ミャンマーのミッチーナと同じく葉に包まれた納豆が売られていた（写真9）。タライで売られていた粒状の納豆は、葉に包んで発酵させたものを取り出して、トウガラシ、ショウガ、オオバコエンドロ（*Eryngium foetidum*）、塩、うま味調味料を混ぜて味付けしたものである。それをつくっていたのは、ミャンマー生まれの徳宏タイ族のジンプンさんであった。ジンプンさんの自宅に行き、納豆をつくっている現場を見せてもらった。発酵に使っていた葉はイチジクであり、それを2枚重ねて十字にして煮豆を包んでいた。糸引きが強い納豆で、日本の納豆と同じ味がした。

東南アジア・カチン系の地域で納豆をつくる人たちは、糸を強く引く納豆を好む。おそらく長い試行錯誤の結果、イチジクとパンノキを菌の供給源として使うことで強い糸引きの納豆ができることを知り、これら2つの植物の葉を使うことになったのであろう。

使いやすい大きな葉

乾燥センベイ状に加工する東南アジア・タイ系の納豆は糸引きにこだわらない。乾燥センベイ状の納豆をつくるときに選ばれる代表的な菌の供給源が、バナナ（バショウ科バショウ属 *Musa* spp.）、フリニウム、チーク（シソ科チーク属 *Tectona grandis*）の3種類の植物の葉である。バナナはアジア納豆の4系統全ての納豆で使われており、チークはヒマラヤ・チベット系を除く3系統、そしてフリニウムは東南アジアのタイ系とカチン系の2系統の納豆で使われていた（表1）。とくに、バナナとフリニウムは、食べものを包装するために日常的に使われている大きな葉で、納豆をつくる時にも使われることは容易に想像できる。以下、バナナ、フリニウム、チークで納豆をつくる事例を紹介しよう。

納豆の菌の供給源としてバナナが使われている事例は、タイ北部のトゥア・ナオ[†5]とネパールとブータンのキネマ[†6]の報告がある。私の調査では、ミャンマー・チン州南部のチン族（ムン・チン）の生産者とベトナム北西部ソンラー省のカム族の生産者もバナナの葉を使っていた（写真10）。インド北東部のアルナーチャル・プラデーシュ州、マニープール州、ナガランド州、メガラヤ州などでは、バナナに加えて、フリニウムの葉が菌の供給源として広く使われていることが報告されている。[†7]前節でパンノキの葉の外側にフリニウムを巻く納豆を紹介したが、東南アジアで枯草菌をフリニウムの葉から供給する生産方法が見られたのは、ラオス北部ポンサリー県ブンヌア郡のタイ・ルー族と中国徳宏の瑞麗市近郊のパラウン（崩竜）族がつくる納豆だけであった。ラオスのタイ・ルー族の生産者は「トン・チン」と呼ばれるフリニウムで煮豆を包んで発酵させた

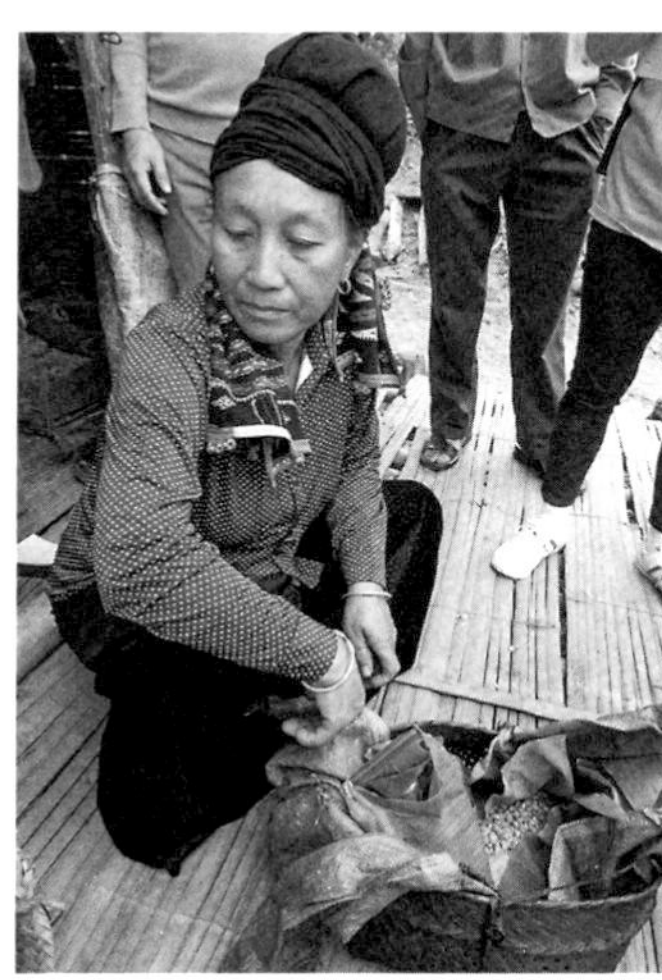
写真10　竹カゴにバナナの葉を敷いて発酵させるカム族の生産者。2016年3月、ソンラー省イェンチャウ県

後に、厚焼きクッキーのような乾燥納豆をつくっていた（写真11）。そして、中国徳宏のパラウンの人たちが住むパートゥム村でもフリニウムを菌の供給源かつ納豆を熟成させるための包みとして使っていた。パラウンの生産者は、塩を入れて潰した納豆を数カ月ほど囲炉裏の上に置いて熟

写真11　菌の供給源として使われていたフリニウムとタイ・ルー族がつくる乾燥納豆。2013年3月、ポンサリー県

写真12　コンムアンの生産者によるチークの葉で発酵させた納豆。2009年9月、チェンマイ県

成させ、それを調味料としてスープや炒め物に入れて使う。煮豆を発酵させる時には、バナナ、フリニウム、シダのどれでも良いが、発酵後に豆を潰して塩を混ぜて熟成させる時には、丈夫なフリニウムが適していると言う。

では、チークの葉はどうなのか。チークは南アジアから東南アジアの熱帯モンスーン地域に分布し、水に強く、耐久性に優れ、腐りにくいため、船舶・家具などの用材や建築材として使われている木材である。葉のサイズは、大人の顔よりも大きく、丸くて使い勝手が良い。特にタイ北部のタイヤイとコンムアンのタイ系民族は、納豆をつくる際に好んでチークを利用する（写真12）。ミャンマーでもよくチークを見かけるが、私の調査でチークを使っていたのは、マグウェ管区ガンゴー県ソー郡区レージーアイ村だけであった。この村は、タウンヤと呼ばれるチーク造林を行う政府事業のために、いろいろな場所から移住してきた人々によって2001年につくられた新しい村である。そこで納豆をつくっていた移住者のチン族（チン・ボン）のドーケーテイーさん（41歳）は、昔住んでいた村では、木の名前はわからないが「納豆の葉」と皆が呼んでいた葉を使って納豆をつくっていた。しかし、移住した村には「納豆の葉」が無かったので、チークの葉を使い始めたと言う。チークの葉で発酵させた納豆は、潰してから天日で干して厚焼きクッキーのような乾燥状にして調味料として利用していた。

使いにくいが美味しい納豆がつくれる葉

ドーケーテイーさんは、昔住んでいた村で「納豆の葉」と呼んでいたものを家の近くで1本だけ見たことがあると言う。それがどんなものなのか興味があったので、その場所に案内してもらった。その木は、ナス科のヤンバルナスビ（*Solanum erianthum*）であった（写真13）。レージーアイ村以外にも、同じ地区に住む「タウンダー」（山に住むビルマ人の意味）を自称する人々がヤンバルナスビを菌の供給源として使っており、それは現地語で「タウサッピャー」と呼ばれていた。

東南アジアでは、複数の地域でヤンバルナスビの葉を菌の供給源ではなく、発酵した納豆を潰して、平たく加工する工程で使っている。タイ・メーホンソン県のタイヤイ族とミャンマー・シャン州のタウンジー周辺のパオ族の人々は、その葉を両手に持って、発酵後の納豆を丸め、それを叩いて平たく加工する。葉の両面にびっしりと毛が生えているヤンバルナスビを使えば、粘る納豆を素手で丸めたり叩いたりすることができる。よく考えたものだと感心する。しかし、彼らは菌の供給源としてヤンバルナスビの葉を使わない。なぜなら、ヤンバルナスビの葉は、これまで紹介したイチジク、パンノキ、バナナ、フリニウム、チークのような大きく包みやすくて堅い葉とは真逆の特徴を有しているからである。すなわち、その葉は小さく、柔らかく、しかも非常にもろい。ソー郡区ピンレー村でヤンバルナスビの葉を利用しているドーエーチェインさん

（60歳）の家で納豆のつくり方を見学させてもらったのだが、竹カゴに敷き詰めるためには何十枚もの葉を使わなければならず、大豆を発酵させた後は、湿気で葉がボロボロに崩れて、それらを納豆から剥がすのに一苦労していた（写真14）。

タウンダーの人たちが納豆生産には適さない種類の葉を菌の供給源として使う理由は何なのだろうか。この疑問を素直に彼らに投げかけてみると、「タウサッピャーでつくった納豆は香りが良い」と言う。どこかで聞いたことがある答えである。そう、シダで発酵させる納豆をつくっていたインド・シッキム州の生産者と同じ答えであった。

写真13　「納豆の葉」と呼ばれていたヤンバルナスビ。2014年3月、マグウェ管区

写真14　ヤンバルナスビの葉で発酵させた納豆。2014年3月、マグウェ管区

植物と納豆の味

アジア納豆をつくっている人たちは、使う植物を味で決めていた。初期の納豆のつくり方は、大きな葉に煮豆を包む方法であったが、大量に納豆を生産し始めると竹カゴのような容器に植物の葉を敷く方法が登場した。[†8] 容器を使うことによって包む用途には適さない植物でも敷くことで利用できるようになり、菌の供給源として利用できる植物の種類を増やすことができる。ヤンバルナスビとシダのような植物は、納豆のつくり方が大きな葉で包む方法から、竹カゴのような容器を使う方法へと発展したことで、使われるようになった種類だと言えよう。

強い粘りの納豆をつくるのならイチジクかパンノキを利用する。そして味で選ばれていたのが、地域や民族の違いを越えて使われているシダなのかもしれない。また、納豆の生産には向かない小さく破れやすいヤンバルナスビのような葉でも、美味しいという理由で使い続ける人々がいる。それぞれの地域、またそれぞれの民族には、好みの味や食感がある。ただし、味覚はきわめて主観的、かつ曖昧なもので、日本人の基準で評価することは難しい。そして、味覚は時代によっても変化するので、菌の供給源となる植物も時代によって変化する。このようなアジア納豆の実態が明らかになるにつれ、日本人は、なぜ使いにくい稲ワラで納豆をつくり続けてきたのであろうか。その理由がますますわからなくなる。

02
稲ワラ納豆の消滅

多様な植物利用が見られるアジア納豆に対して、日本では長らく稲ワラだけが菌の供給源として使われていた。しかし、明治時代に稲ワラから分離培養した菌で納豆がつくられるようになった。戦後、日本の納豆は、菌をふりかけてつくる納豆が流通するようになったが、その背景には、サルモネラ属菌による納豆中毒で多くの死者を出す痛ましい事件があった。そして現在、日本の納豆はわずか数種類の培養された納豆菌の株だけで生産されている。日本では約400の事業者が納豆を生産しているが、そのほとんどは、自社製の菌を使わずに納豆を生産している中小規模の生産者である。稲ワラ納豆を失った日本納豆の1世紀を振り返ってみる。

稲ワラから培養した納豆菌へ（明治後期〜大正初期）

かつて日本の納豆は、稲ワラで苞をつくり、そこに茹でたり蒸したりした大豆を入れて発酵させていた。大量の納豆を毎朝消費する明治初期の東京では、苞ではなく大豆を笊に入れて発酵させる方法で納豆がつくられていたこともあった。[†1] 東南アジアでよく見る竹カゴに植物の葉を敷いて発酵させる方法が日本でも用いられていたのだ。笊を利用した納豆がいつまでつくられていたのかわからないが、明治に入ってからは、稲ワラで苞をつくって納豆をつくる方法が人気を博すようになった。[†2] 煮豆をワラ苞に入れ、ワラに付着する納豆菌を使って、大豆の成分を分解して納豆にする方法である。

しかし、稲ワラには納豆菌以外のさまざまな雑菌も付いているので、安定して良質の納豆が生産できるとは限らない。そのため、明治中盤から純粋培養した納豆菌を用いる製造方法を普及させる試みが開始された。1894年（明治27）に矢部規矩治が稲ワラでつくられた納豆から菌を分離することに成功し、さらに1905年（明治38）に澤村眞が納豆菌の純粋培養に成功した。澤村が納豆菌を抽出した7年後の1912年（明治45）には、盛岡高等農林学校（現岩手大学農学部）の村松舜祐が東京、会津、盛岡の納豆から、3種類の桿菌を分離した。そして、1種類の納豆菌だけでも良質の納豆ができることを見つけた。[†3]

村松は、1922年（大正11）に同校に講師として着任した成瀬金太郎と共に衛生的で安全に納豆を生産するための研究を精力的に行った。成瀬は盛岡高等農林学校を卒業した村松の教え子で、2人は学内で生産した納豆を「高農納豆」と名付けて販売し好評を得た。[†4] その後、成瀬は1943年（昭和18）に盛岡高等農林学校を離れ、「成瀬発酵化学研究所」を創業した。そこで生産されている「成瀬株」は、高農納豆の系統を継ぐ納豆菌株であり、[*] 現在でも多くの納豆生産者に使われている。

村松と成瀬は、近隣の納豆業者に技術指導を行い高農納豆を普及させた。現在でも「盛岡高農村松博士製法」の名を残した納豆が東北各地で生産されており、岩手大学農学部同窓会の『北水会報』では、青森県青森市「かくた武田」、岩手県八幡平市「丸勘商店」、岩手県花巻市「大内商店」、青森県三戸町「太子食品工業」、宮城県仙台市「高橋食品工業」、宮城県栗原市「川口納豆」の6社が挙げられている。[†5] 現在、大学の研究成果を地域社会に還元することの重要性が叫ばれているが、村松と成瀬は基礎研究を重視し、かつその研究成果を惜しみなく地域に還元する活動を積極的に大正時代に実施していたのである。その取り組みは、100年の歳月を経て現在の日本の納豆産業の発展につながっている。

*――『納豆沿革史』（フーズ・パイオニア編、全国納豆協同組合連合会、1975年）の付録広告に掲載されている成瀬発酵化学研究所の広告には「村松博士の流れを汲み伝統を尊び最も品質を重んずる日本一の納豆菌」と記されている。

村松らが衛生的な納豆生産を提案した時とほぼ同時期の1920年代、北海道帝国大学農学部(現北海道大学農学部)の半澤洵らは「札幌納豆容器改良会」を設立し、衛生的な納豆をつくるために純粋培養した納豆菌を使い、また稲ワラではなく木材を紙のように薄く削った経木や折箱のような容器で納豆を発酵させる生産方法の普及に尽力した[†6](図1)。

さらに純粋培養の納豆菌のみならず、衛生的に納豆を製造するためのタタキ*でつくった製造工場、圧力釜の導入、衛生的な容器の使用、そして室の壁や床材などの設備改善を提案した。[†7] 自動化されている現在の納豆生産と比べると原始的であるが、当時としてはかなり先進的な取り組み

NATTOKIN
PURE CULTURE
納豆菌
純粹培養
納豆製造用
FOR THE PREPARATION
OF NATTO
From the Applied Mycological
Laboratory of
Agricultural College
HOKKAIDO IMP. UNIVERSITY
札幌
北海道帝國大學

一手發賣元 札幌市南一西三 相澤商會

図1 国内初の納豆菌広告
出典：半澤洵編(1912)『納豆製造法 第3版』札幌納豆容器改良会、193頁

であり、このような納豆の生産は、「半澤式納豆製造法」と呼ばれ、日本各地に普及していくことになった。

三浦二郎の文化室（大正初期）

半澤式納豆製造法の確立に貢献したのは、盛岡高等農林学校獣医科を卒業した三浦二郎であった。三浦は、欧米人に負けないような日本人の体格向上に興味を持ち、牛乳タンパクの研究を重ねていたが、半澤と出会ったことを契機に、日本人の栄養を納豆の普及によって改善しようと試みた。[†8] 三浦は半澤から指導を受けながら、衛生的な納豆の生産方法を追求し、「文化室（むろ）」と呼ばれる発酵室を提案した。これは、発酵室の天井に煙突を備えて、煙突の下に設置した天窓を開閉することで、温度と湿度を管理できるようにした室である。現在では、納豆の発酵室の温湿度を管理するのは当たり前だが、当時は温湿度を管理できなかったので、培養した納豆菌を用いても失敗することが多かった。三浦二郎は、1920年（大正9）に宮城野納豆製造所を興し、そこで培養した納豆菌を用いて文化室で製造した納豆の供給を開始した。

*――タタキは「三和土」と書き、土に石灰とにがりを混ぜ合わせて練って固めて仕上げたもので、まだセメントが一般的ではなかった時代に使われた地面を固めるための工法である。

こうして、大正後期から昭和初期（1920〜39年）の間に、衛生的な納豆が安定して生産できる環境が整った。半澤と三浦の2人の研究者が生産を確立させた納豆菌は、「宮城野株」（もしくは三浦株）と呼ばれ、先に述べた成瀬株と共に日本の納豆生産者の間で現在でも広く使用されている。三浦が1934年（昭和9）に建設した宮城野納豆（仙台市宮城野区）の工場には当時の文化室が残されている。そして、三浦の孫にあたる三浦晴美氏が宮城野納豆製造所を継ぎ、各種納豆の生産は当然のこと、宮城野株の培養も行っている。2019年3月には、宮城野納豆製造所の建造物7件（納豆及び納豆菌製造棟、熟成棟、石蔵及び豆小屋、休憩室、ボイラー室、亜炭小屋、車庫）が国の登録有形文化財（建造物）として登録された。* 近代納豆の生産確立に大きく貢献した三浦の文化室が、これからも地域の遺産として守られていくことを非常に嬉しく思う。

稲ワラ納豆から衛生納豆への過渡期（大正後期〜昭和初期）

大正後期から昭和初期は、培養した納豆菌の使用と文化室での大豆の発酵といった日本の納豆製造技術革命が起こった時期である。しかし、家族経営の小規模生産者による稲ワラを使った納豆の生産が大半を占めていた当時、納豆菌を購入して納豆をつくる生産者は少なかったであろう。また、細々と地元の消費者向けに納豆をつくっていた生産者が大がかりな設備投資をして文化室をつくる事例も限られていたと思われる。そこで、大正後期から昭和初期（1920〜39年）の納豆製法について記録された文献を検索してみた。

その結果、合計10件の書籍、学術雑誌、新聞記事に納豆製法に関する記述が見つかった（表1）。そのうち7件が昔ながらの稲ワラを使ったつくり方、2件が培養した納豆菌を用いたつくり方、そして1件ができあがった納豆を発酵のスターターとして使用するつくり方を紹介していた。商業的に納豆を生産する製造者のつくり方については、これらの文献からはわからないが、衛生的な納豆が生産できる環境が整ったとされる大正後期から昭和初期でも、納豆を自給していた人々は稲ワラで納豆をつくっていたようだ。しかし、できあがった納豆を発酵のスターターとして使用する製法を紹介した帝大（現東京大学）農芸化学教室の中村精二によって書かれた№9の新聞記事からは、当時の東京の状況を知るいくつかの手がかりが得られた。記事では「わざわざ菌として求めないでも」とか、「箱入りでも藁に入っているものでも」と記されており、１９３７年の東京では、純粋培養した納豆菌を一般の人が入手できたこと、そして改良容器の箱入り納豆が売られていたことを示唆している。

大正後期から昭和初期にかけて、日本の納豆は、安定した品質が得られる純粋培養した納豆菌を用いた生産へと転換した。しかし、過渡期には、新技術に対する不安や不満を感じる消費者も

＊——文化庁第２００回文化審議会文化財分科会議事要旨（https://www.bunka.go.jp/seisaku/bunkashingikai/bunkazai/18/pdf/r1407003_10.pdf）

表1　文献に記された納豆の製法（1920～1939年）

No.	発表年	記載内容*	菌の供給源	根拠資料
1	1922（大正11）年	「…先ず洗浄せる大豆を釜に入れ、水を加えて煮沸すること約五時間にして其適度に達するに至れば、これを椀にてすくい、藁苞に入れ窖（しつ）内にて発酵せしむるものとす。」	稲ワラ	吉村（1922, pp.416-419）
2	1923（大正12）年	「材料は大豆と稲藁とあれば何人でもまたどこにおいても製造することが出来る…」	稲ワラ	読売新聞朝刊（1923年10月27日）
3	1925（大正14）年	「…大豆を数時間水に浸漬して、相当の水分を吸収せしめ後これを蒸熟或は煮熟せしめて味噌豆位の柔かさとなったものを冷めない内に藁苞または藁を敷いた箱に入れて、要するに、藁で包み、これを麹室等に入れて摂氏三十度位の温度に保つのである。」	稲ワラ	鳥屋尾（1925）
4	1927（昭和2）年	「…藁で造った苞の中に入れて窖（しつ）あるいは室内または密閉せる室内の天井等に吊るして…」	稲ワラ	上田（1927）
5	1931（昭和6）年	「納豆の作り方には2つの方法があります。1つは昔からやっている様に古い藁に天然の納豆菌を利用した苞包みのものと、今一つは納豆菌を純粋培養した半澤式納豆菌を利用した箱入りのものがあります。」	稲ワラ 培養した納豆菌	読売新聞朝刊（1931年9月8日）
6	1932（昭和7）年	「糸引納豆はつと納豆ともいって、大豆を蒸して冷めない内にわらつとの中にいれ、一定の温度を保たしておくと、たん白質分解力のある一種のバクテリアーいわゆる納豆菌の働きによって、大豆のたん白質の一部分即ち表面に近い部分を発酵せしめたもので…」	稲ワラ	朝日新聞朝刊（1932年10月17日）
7	1934（昭和9）年	「大豆を蒸してわらづとに包んで室に入れて置くと一夜にして粘っこい香味のある衣をきた納豆に化ける…」	稲ワラ	朝日新聞朝刊（1934年2月16日）
8	1936（昭和11）年	「納豆を製造するには、先ず大豆を精選して能く水で洗い、これを水に浸漬して十分膨張させ、煮熟または蒸熟して軟らかとし、これに納豆菌を注加混和して適宜の容器に入れ、摂氏四十度の温所に放置すると十八時間位で納豆が出来る。」	培養した納豆菌	半澤（1936, p.1）
9	1937（昭和12）年	「まづ材料として納豆菌ですが、これはわざわざ菌として求めないでも、新しい良質の納豆から一、二粒とって利用します。箱入りでも藁に入っているものでも、なるべく空気に触れない内部のもの一、二粒、コップ一杯の湯冷しに入れ、まわりのネトネトをとかしておきます。」	納豆から菌をとり出す	読売新聞朝刊（1937年1月12日）
10	1937（昭和12）年	「水に浸けておいたダイズを煮熟し、あるいは蒸熟させたのち藁苞にいれ麹室其の他適当な温かい部屋に納めて凡そ一昼夜おけば、藁に付いている納豆菌とよぶ微生物のために醗酵がおこり納豆ができる。」	稲ワラ	朝日新聞朝刊（1937年12月31日）

＊旧仮名と旧字体は新仮名と新字体に変更した。下記は筆者追記。

出典：上田善久（1927）「納豆とは何か」『家事と衛生』3（3）、53-55頁／鳥屋尾陽一（1925）「納豆の沿革に就て」『醸造學雜誌』2（8）、736-39頁／半澤洵編（1912）『納豆製造法 第3版』札幌納豆容器改良会／吉村清尚（1922）『最新農産製造化学』成美堂書店

存在した。新聞記事を検索していたところ、次のような投稿が見つかった。

納豆の滋養価値が承認せられ帝国大学教授某氏式、何々納豆という類が全国的商品となったのは我々納豆○（原文不明）のもっとも意を強うするところであるが、従来のわらづといりは体裁悪しというわけか、折詰の文化包装をさせて、御丁寧に衛生納豆の名前を付したのは、進歩の様に見えてその実少しばかり感心しない。わらづとであれば何日も何日も売れ残ったものを押売せられる心配はないが、折詰紙包としたためにかえって古くなったものを平気で売る。あけて見るともはや衛生の名に反するものが、この寒中でさへも折々ある。非衛生ばかりか商標全部の信頼を台無しにしつつあるのである。こんな外観ばかりの何々教授指導では致し方無い。従来のあわれな納豆屋どもを圧倒して、せっかく新商品を全国に普及させるならば、こんな内容暴露は警戒した方がよい。よって折詰なっとうには、今後製作月日を記入しなければ売らさぬことにしてはどうかと思う。

（朝日新聞朝刊1928年2月5日、旧仮名と旧字体は、筆者が新仮名と新字体に変更した）

新容器の折詰納豆が導入された初期には、中身が見えず、状態を確認できないことが不安視されたのである。新しい商品が世に出る時に批判が出るのは、昔も今も同じである。こうした批判を克服することによって新技術は普及していく。

もう一つ、昭和初期の納豆に関して興味深い記事を見つけた。それは、納豆の稲ワラを再利用してタワシをつくろうという記事である。似た内容の投稿が2件あったが、そのうちの1件を紹介しよう。

納豆を容れてある藁は捨てずにこれでたわしを作ります。作り方は掃除用の「ハタキ」を作る時の要領で、藁を四寸位の長さに切り揃へ、一銭銅貨位の太さに丸めて中央を丈夫な紐でしばります、それからその半分を他の半分の四方に折返し、適当な所を二ヶ所しばります。これで出来上がったのです。このたわしで飯びつを洗いますと、柔らかで木の質を傷めず、また油物の付着したお皿等はこのたわしに灰をつけて洗えばさっぱりしますし、少々位の油でしたら灰をつけずともこのたわしだけで結構油が取れます。

（読売新聞朝刊１９３４年8月12日、旧仮名と旧字体は、筆者が新仮名と新字体に変更した）

当時の日本人は資源を有効に利用していたことがわかる。しかし、環境に優しい稲ワラ納豆も衛生納豆の普及により、徐々に見られなくなっていった。

納豆中毒（第二次世界大戦後）

戦後、納豆業界は存続が危ぶまれるような事態を迎えた。国内各地ではネズミの糞尿で汚染された環境でつくられた納豆を媒介して、サルモネラ属菌によって死者を出す食中毒が1948〜56年の9年間に立て続けに発生したのである。表2に納豆が原因とされる食中毒の発生状況をまとめた。1948年の福島県、1952年の京都府、1953年の京都府と大阪府、1954年の千葉県と東京都、そして1956年の神奈川県の食中毒では、死者が発生している。中でも約630名が食中毒を発症し、30名もの命が失われた1948年の福島県の納豆中毒は大事件であった。

これらの中毒事件が発生するまで、納豆菌はさまざまな菌に対する抗菌作用が強く、納豆中で赤痢菌、パラチフスA菌、パラチフスB菌、腸チフス菌などの汚染菌は増殖しないので、安全な食品だと信じられていた。[†9] しかし、その抗菌作用は、サルモネラ属菌に対してはまったく効かなかったのである。1954年に千葉県で発生した食中毒の原因調査に従事した千葉大学の松本埈は、納豆菌中におけるサルモネラ属菌の混合培養試験を行ったところ、サルモネラ属菌は納豆菌と共存して増殖することを実験によって確かめた。[†10]

当時の新聞には「包装用の稲ワラはほとんど露天に近い場所に放り出してあり、納豆の保管

表2　納豆が原因とされる食中毒の発生状況

発生年月日	場所	発症者	死亡者	根拠資料
1904年（明治37） 6月10日	山形県西村山郡寒河江町 （現寒河江市）	6	6	読売新聞朝刊（1904年6月18日）
1942年（昭和17） 9月18日	東京都世田谷区	5	1	読売新聞夕刊（1942年9月19日）
1948年（昭和23） 9月30日〜 10月6日	福島県相馬郡原町（現原町市） 小高町（現南相馬市） 大田村（現南相馬市） 大甕村（現南相馬市）	約630	30	読売新聞朝刊（1948年10月5日） 松本（1955）
1952年（昭和26） 11月9日	京都府京都市上京区	5	2	読売新聞朝刊（1952年11月9日）
1953年（昭和27） 10月31日〜 11月8日	京都府京都市、大阪府下	46	2	松本（1955）
1954年（昭和28） 11月1日〜6日	千葉県下、東京都下	133	3	松本（1955）
1955年（昭和30） 10月5日〜6日*	東京都武蔵野市	20	不明	読売新聞夕刊（1955年10月7日）
1956年（昭和31） 6月3日	神奈川県横須賀市	47	2	読売新聞夕刊（1956年6月6日） 朝日新聞朝刊（1956年6月7日） 毎日新聞夕刊（1956年6月7日）
1963年（昭和38） 8月11日	北海道山越郡長万部町	21	2	毎日新聞朝刊（1963年8月15日）
1964年（昭和39） 8月28日**	埼玉県大宮市（現さいたま市）	約1030	不明	朝日新聞朝刊（1964年8月28日）
1965年（昭和40） 5月19日	東京都荒川区、世田谷区	8	不明	読売新聞夕刊（1965年5月22日） 朝日新聞夕刊（1965年5月22日） 毎日新聞夕刊（1965年5月22日）

* 東京電機大学の学生寮で発生した食中毒事件。その原因は5日夜のマグロのやまかけなのか、6日朝の納豆なのか分かっていない。

** 給食センターによる昼食弁当による食中毒。鯨ベーコンが汚染源でサバおよび納豆あえが2次汚染されたものと推定されている（渡辺ほか 1965）。

出典：松本埪（1955）「絲引納豆の食品衛生学的研究」日本衛生学雑誌 9（4）：244–53頁／渡辺昭宣・伊藤蓮太郎・加藤敏忠・野口謹一・吉田茂行・新開斉治・田原康夫・小菅敏雄・岡野米雄・今井敏郎・岩崎 忠（1965）「給食センター仕出し弁当に起因した集団食中毒について」日本獣医師会雑誌 18（9）：578–584頁

設備も、囲いのないようなバラック建で、ネズミは暴れ放題の始末」（朝日新聞朝刊1953年11月19日）とか、「わらづとがネズミの大小便で汚染された事が原因と推定された」（朝日新聞朝刊1954年1月12日）と記されている。すなわち、食中毒は非衛生的な生産現場、そして稲ワラの利用が原因と結論づけられた。

納豆中毒が連続して発生した後、1953年に全国納豆工業組合協会（現全国納豆協同組合連合会、以下、全納連と略記）は、不衛生な環境で納豆をつくる生産者を排除することを目的に納豆製造を許可制にする申請書を厚生大臣に提出した[†11]。同年の新聞記事には、次のように政府も納豆製造を許可制にする方向で調整したことが記されている。

厚生省の説明によると、この状態は現在納豆製造が許可制でなく、施設標準にも法的な規定が何もないといった手放し状態から起こっており、特に納豆が朝夕の食卓に多く親しまれているだけに、このまま放ってはおけぬとしている。対策としては政令で製造を許可制とし、設備基準を定めると共に全国の保健所を動員して製造所の一せい検査を実施、製造工程についてもワラをやめて消毒完全なキョウ木で包装させ、業者に徹底的な衛生指導を行うことをきめ、農林省など関係省と話し合っている。

（朝日新聞朝刊1953年11月19日）

1957年7月5日、食品衛生法の一部が改正され、納豆製造業が都道府県による許可営業制へと変更された[†12]。当時の納豆生産者の多くは稲ワラを菌の供給源として使う家族経営の生産者であったが、そうした小規模生産者が培養された納豆菌を用いた生産へと転換せざるを得ない状況になった。こうした一連の過程で、日本から稲ワラ納豆が消え、その代わりに培養された菌を用いて、衛生的な工場でつくられる納豆が普及した。

すなわち、国民の食品に対する安全性と品質向上への関心の高まりを受け、その気運に追従した法の施行を契機に納豆生産が規格化され、結果として納豆は培養された納豆菌による生産へと収斂されていった。納豆製造業が食品衛生法の改定の対象となったことによって、安全と引き換えにして日本納豆の多様性が失われたのである。

培養した菌を用いた納豆生産（昭和後期以降から現在）

純粋培養された納豆菌は、先に述べた宮城野株と成瀬株、そして山形県上山市の高橋祐蔵研究所で生産されている「高橋株」が国内三大納豆菌株とされ、日本の納豆生産者の間で広く使用されている[†13]。これら純粋培養された納豆菌の普及によって品質は安定し、美味しく安全な納豆を全国どこでも生産できるようになった。

ある納豆生産者の話によると、現在はタカノフーズ、ミツカン、あづま食品の大手3社で納豆の国内シェアの約6割を占めているらしい。したがって、残りの約4割に数百の中小納豆生産者がひしめき合っている。厚生労働省の統計によると、納豆製造事業所数は徐々に減り続けており、1990〜2000年代は600〜800事業所の間で上下していたが、2010年代に入ると600事業所を下回り、最も新しい2018年度の統計では373事業所に減少している（図2）。どのメーカーがどの納豆菌株を使っているのかわからないが、かつては全国の約95％が「宮城野株」で納豆をつくっていたらしい[†14]。現在、大手の納豆メーカーは、自社製の菌株を使った納豆を商品化し、国内三大納豆菌株とは異なる特徴の納豆を生産することで差別化を図っている。しかし、ほとんどの中小納豆生産者は、納豆菌の研究を行うことができる施設や人的資源を持たないので、国内三大納豆菌株のうちのいずれか、もしくはそれらをブレンドして使っている。

納豆菌株の種類で商品を差別化することは難しい。しかし、同じ株を使って納豆をつくったとしても、同じ味になるわけではない。最終的に納豆の味を決めるのは、原材料である大豆、タレ、また生産者が長年蓄積してきた生産ノウハウである。したがって、菌株の種類ではないところで、商品の差別化を図るのが、日本の中小納豆生産者の戦略である。

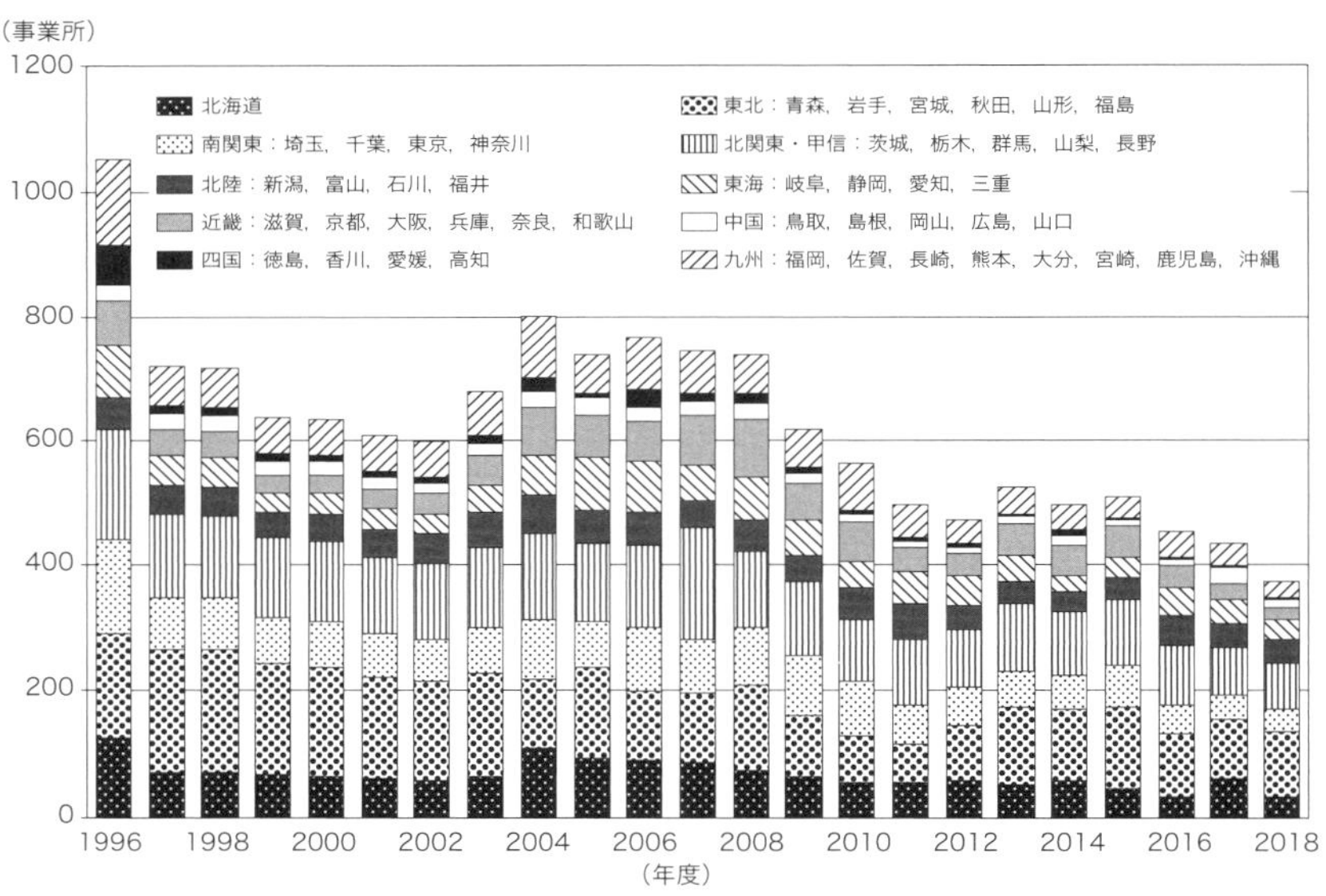

図2　納豆製造業事業所数

注：2010（平成22）年度のデータは東日本大震災の影響により、宮城県のうち仙台市以外の市町村、福島県の相双保健福祉事務所管轄内の市町村が含まれていない。
出典：厚生労働省「衛生行政報告例」許可を要する食品関係営業施設数、営業の種類、平成8～30年度より筆者作成

大豆、パッケージ、そして
タレの種類から見た日本の納豆

納豆の原料である大豆は、粒の大きさで大粒、中粒、小粒、極小粒に分かれている。これらに加えて、主に調理用として使われることが多いひき割り形状も生産されている。大豆の粒の大きさは、農林水産省の農産物規格規定で分類されており、納豆製造業界では、その分類を用いて7・9ミリメートルよりも大きい大豆を大粒、7・3ミリメートルまでを中粒、5・5ミリメートルまでを小粒、4・9ミリメートルまでを極小粒としている。[†15]

全納連による2019年の「納豆に関する調査」の結果によると、[*] 調査した2、000名が好む大豆の大きさは、小粒が36・4％、次いで中粒が23・0％となっており、全国的に小粒から中粒の納豆が好まれていることがわかっている。しかし、全国平均と比べて、北海道と関東は極小粒、東北はひき割り、そして九州では中粒の割合が高いのが特徴である。地域によって粒の大きさの好みは異なっており、地域に根ざす中小納豆生産者は、それぞれの地域の人々の嗜好に合わ

*——全国納豆協同組合連合会『「納豆に関する調査」調査結果報告書　2019・6』(http://natto.or.jp/reseach/pdf/190613.pdf)

せた粒の大豆で納豆をつくることが求められている。

粒の大きさ以外に、大豆の原産国、品種、栽培方法で納豆を差別化する方法も一般的である。原料の大豆が有機栽培であること、国産であること、さらに限定された地域で栽培された特定の品種（たとえば、九州産フクユタカを使用しているなど）を納豆のパッケージに明記すれば、食の安全を気にする消費者にアピールできる。また、同じ大豆でも一般的に納豆に使われている黄大豆ではなく、黒大豆や青大豆を使用したり、未成熟の枝豆を使用したりすることで差別化を図る生産者もいる。

筆者の子供時代（１９７０年代）、家では写真１のように、経木に包まれた納豆を器に入れて、家族で分けて食べていた。写真の納豆は、小杉食品（三重県桑名市）の「都納豆」で80グラムの容量であるが、当時の納豆はもう少し多く１００グラムぐらいはあったと思う。タレは同封されておらず、醤油を加え、ネギを混ぜて食べた。現在よく見かける3パック単位で売られている発泡スチレンシート（ＰＳＰ）容器の納豆は、１パックが約50グラム、紙カップ容器は約30グラムである。昔の納豆は、今の2〜3倍もの容量で売られていたが、それは家族で分け合って食べる需要に合っていたからであろう。表3に示すデータは、東京都が１９６５年（昭和40）に実施した調査結果の一部である。納豆の量は1個あたり80〜１１０グラム未満で全体の77％を占め、現在のような少量の納豆は、一般向けではなく病院向けとされていた。[†16] かつては、大きな容量の納豆を家族で分け合う食べ方が一般的であったであったことが、このデータからも裏付けられる。

表3　東京都における納豆1個の折詰量と値段*（1965年）

	7円	8円	9円	10円	11円	12円	15円	30円	割合（%）
60g未満**	3								4
60g以上	1	2							4
70g以上	1			2		1	1		6
80g以上	1	1		1		1	12		21
90g以上						1	21		29
100g以上			2			1	18		27
110g以上				1			2		4
120g以上							3	1	5
割合（%）	8	4	3	5	0	5	74	1	

*　1965年（昭和40）1月31日現在に、都知事の納豆製造業の許可を受けている87工場のうち、回答のあった58工場のデータ。
**60g未満、7円の3件は病院納めのもの。

出典：東京都経済局消費経済部編（1965）『都内納豆製造業実態調査書』東京都経済局を筆者が一部加工

写真1　経木につつまれた大容量の納豆。小杉食品の「都納豆」

表３で最も多いのが90〜１００グラム未満で15円の価格帯であるが、それは現在の価値で62・8円に相当する。[*] 現在、３パック（１５０グラム）で１００円程度の価格で売られている納豆とグラムあたり単価はほぼ同じであり、今も昔も、納豆の値段はほとんど変わっていない。納豆は、昔から庶民の懐に優しい食べ物であった。

話を戻そう。ある時期から、納豆を家族でシェアするような食習慣が薄れ、さらに孤食と個食が進むことによって、大容量の納豆は日本の食卓に受け入れられなくなった。そして１９７７年には、青森県の太子食品工業が少量化時代に対応した小さなカップの「まめちゃん納豆」を発売した。これが業界初のミニカップ納豆であった。まめちゃん納豆には、タレも付いており、この商品が一般流通向けのタレ付き納豆の元祖とされる。日本の家族の食生活が変化し、孤食化と個食化を見据えた商品が納豆のパッケージに反映されたのである。以降、納豆は家族でシェアするおかずではなく、食卓に1人1パックで提供されるおかずへと変化した。その結果、パックにはタレが付くのが当たり前となった。

現在の納豆容器は、ほとんどがPSP容器であるが、一部、紙カップを使ったものも見られる。差別化したものとしては、経木で包んだ納豆（写真1）や稲ワラの苞で包んだ納豆**が見られるが、そのようなパッケージの納豆を目にする機会は決して多くない。

タレに関しては、醤油をベースに出汁を混ぜたものが一般的であるが、ここでは紹介しきれないほどの種類がある。日本の納豆の特徴は、カラシがタレと一緒に付いていることである。江戸時代から納豆にはカラシが使われていたが、その理由は、納豆のアンモニア臭を消すためであった。[†17] 冷蔵庫がない時代には、発酵が進み過ぎてアンモニア臭がすることもあったであろう。しかし、流通のコールド・チェーン化が進んだ現在、アンモニア臭がする納豆が売られるようなこと

＊———1965年の消費者物価指数は2019年の23・9％の水準であった。

＊＊———稲ワラに包まれている納豆のほとんどは、稲ワラに付いている納豆菌で大豆を発酵させたものではなく、一般的な納豆と同じく、納豆菌をふりかけて大豆を発酵させている。

はない。にもかかわらず、タレと一緒にカラシが入っている理由は、カラシが納豆のアンモニア臭を消すためではなく、納豆に加える薬味の一つとして人々に受け入れられたからである。今では納豆にカラシが付いていることが当たり前となっているが、そうなったのも納豆にタレが同封されるようになってからなので、その歴史は浅い。ちなみに、我が家では私と妻は納豆にカラシを入れるが、2人の息子たち（高校生と中学生）はカラシを入れない。だから、我が家にはカラシのパックが大量に余り、それは別の食事の機会で使われる。世代によって納豆の食べ方も変化しているようだ。

日本納豆の1世紀

培養した納豆菌で大豆を発酵させた納豆が普及して、およそ1世紀が経った。現在、衛生的で美味しい納豆を安い値段で食べられるようになったのは、先人たちの努力の結晶である。しかし一方で、アジア納豆のような菌と利用方法の多様性は失われ、日本の食卓に上がる納豆のほとんどは、ご飯のおかずとして食べるＰＳＰ容器に入った糸引き納豆で占められることになった。稲ワラを菌の供給源とする伝統的な納豆は、戦後に連続して発生した痛ましい食中毒事件の発生後に消滅した。日本納豆は、食中毒による死亡事故を契機に整備された「法」がつくった産物と言っても過言ではない。

スーパーやデパートの総菜売り場で比較的大きな面積を占めている納豆コーナーを見れば容易に理解できるように、日本で売られている納豆のわずかな違いは、原料となる大豆とタレの組み合わせで差別化を図ることで生み出されている。

現在の日本納豆は稲ワラを菌の供給源としているわけではないが、稲ワラでつくられた納豆から分離した菌でつくられているので、日本納豆のルーツは、やはり稲ワラである。アジア納豆では、さまざまな植物の葉を利用してきたにもかかわらず、日本では菌の供給源として稲ワラを使い続けてきた。しかし、なぜ日本は稲ワラなのかという問いに対する答えは、近代納豆の成立を明らかにしても見つけることはできなかった。稲ワラの利用については、次章で深く掘り下げて考えてみたい。

03

ワラ文化と納豆

納豆は1950年代（昭和30年代）に稲ワラで発酵させるつくり方から、培養した菌をふりかけるつくり方へと変化した。この時代は、商品として販売する工業的な納豆生産における稲ワラ利用が消滅しただけではなく、自家製納豆の生産自体も衰退し始め、日本の納豆にとって大きな転換期となった。かつて納豆は、正月のハレの食でもあり、神や仏への供物でもあった。現在、納豆を用いたさまざまな民俗行事はほとんど残っていない。その背景には、稲ワラの利用の減少に伴う「ワラの文化」の衰退が影響していた。

ハレの食としての納豆

「ハレ」と「ケ」という言葉をご存知だろうか。ハレとは、節目となる特別な日を指す概念である。正月を初めとして、立春、夏至、秋分、冬至などの二十四節気、また中国の陰陽五行説に由来する人日（じんじつ）、上巳（じょうし）、端午（たんご）、七夕（たなばた）、重陽（ちょうよう）などの季節の節目となる暦のほか、彼岸やお盆などの先祖供養、また、出産、七五三、入学、成人、結婚、還暦、葬式などの通過儀礼となる節目がハレである。非日常的な行事が行われる「晴れ舞台」となるハレは、「晴れ着」を着て、ご馳走を口にすることができる日である。一方のケとは、それ以外の日常のことである。

納豆は、日常（主に朝食）食べられるケの食である。納豆をハレの食と考える人はいないだろう。しかし、大正の終わりから昭和の初め頃の日本の食事を記録した『日本の食生活全集』には、山形県庄内山間地方では「納豆は冬の晴れ食で、とくに正月には欠かせないものである」と記されている。[†1] かつて納豆は「ハレ」の食であった。そこで、民俗行事を記録した文献[*]から、正月に納豆をつくって食べていた事例を収集し、その傾向を分析した（表1、図1）。

*――検索した文献は、『日本民俗地図Ⅱ　年中行事2』（国土地理協会）、『日本の歳時習俗』（明玄書房）の全10巻、『日本の食生活全集』（農山漁村文化協会）の全50巻である。

正月の納豆づくり

正月用の納豆をつくることは、「納豆ねせ」、「納豆五日」、「節納豆」、「納豆年取り」、「納豆ねかせ」、「納豆年越し」、「納豆おこし」、「納豆の年夜」、「納豆正月」など、各地域独自の呼称が見られた。その中では、「納豆ねせ」が正月用の納豆をつくる行事の呼称として東北、北関東、新潟の各地で広く使用されていた。「ねせ」は、ワラ苞に入れて寝せる（発酵させる）ことである。新潟県で使われていた「納豆五日」は、12月25日に納豆をつくるからであろう。

検索対象とした文献資料では、地域によって呼び方は違うが、宮城県、山形県、福島県、栃木県、新潟県の5県では、年の暮れに正月用の自家製納豆をつくることが慣わしとなっていたようだ。北日本でも岩手県、秋田県、茨城県は右記5県と比べて少なく、また青森県と群馬県ではまったく記録に出てこない。『日本の食生活全集』の記述から東北と北関東の各地では、冬季に自家製納豆をつくるのが一般的であったことがわかるが、正月にハレの食として納豆をつくる地域は限定されていたようだ。北日本以外にも、飛地的に京都で正月に納豆をつくる地区があるが（表1：地区44〜46）、その風習がなぜ京都の一部地域だけに残っているのかはわからない。

正月用の納豆は12月25日につくる地区が多く、年末の「煤払い」とセットで行われている事例が7地区で見られ、そのうち4地区では、煤払いを先に済ませて、その後に納豆をつくるといっ

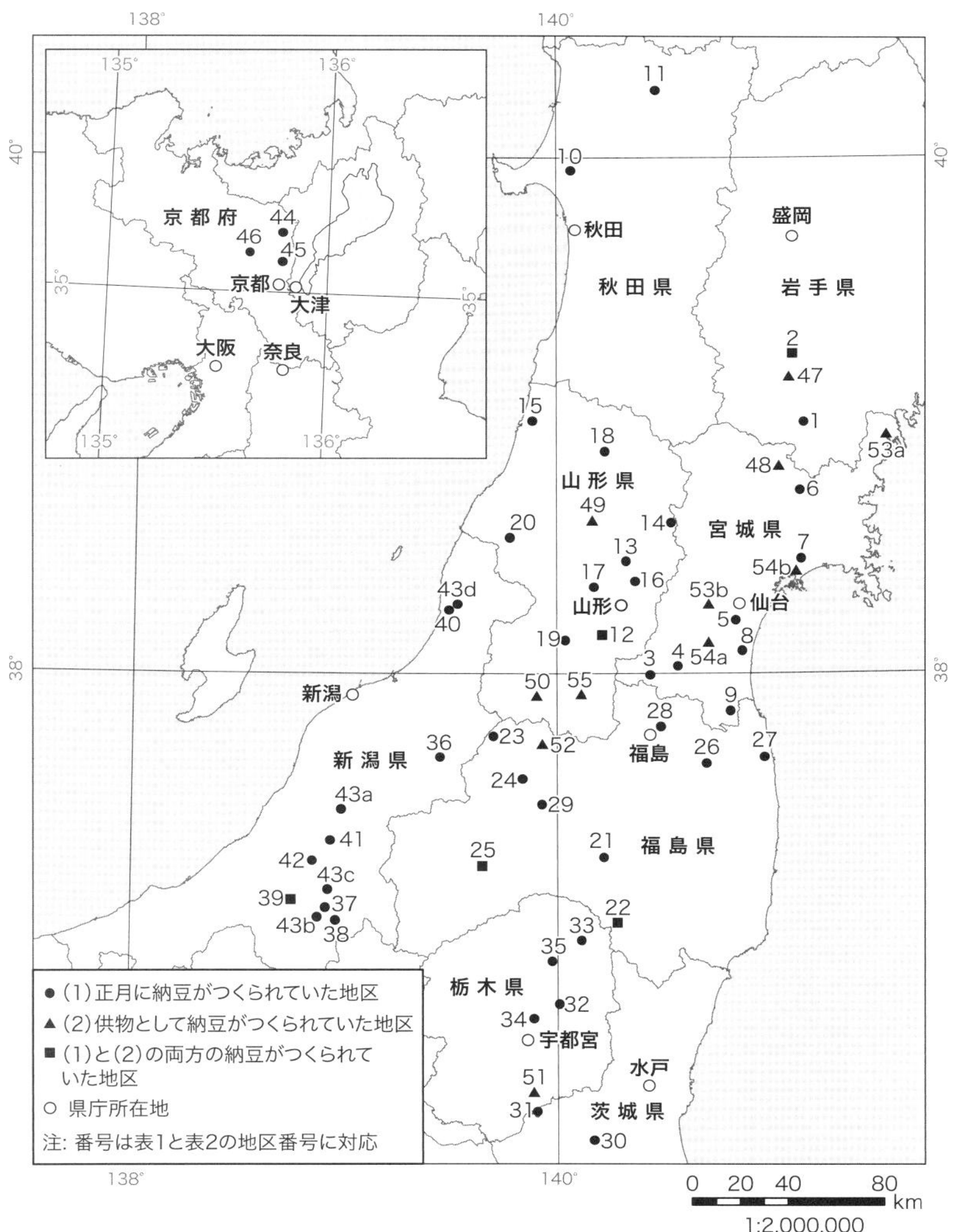

図1　正月に納豆がつくられていた地区および供物として納豆がつくられていた地区

表1　文献に記された正月の納豆

	地区*	日付	記述（資料**）
1	岩手県一関市 舞川字舞草	正月	「正月の餅は、あずき餅・くるみ餅・きな粉餅・からみ餅・納豆餅・あめ餅・ごま餅をつくる。」（民 p.89）
2	岩手県江刺市稲瀬	12/25	「正月用の納豆を作る習慣は村々にあった。それを節納豆と呼び、江刺市稲瀬では一二本（閏年は十三本）作る。」（歳 1 p.82）
3	宮城県刈田郡 七ヶ宿町常津	12/25	「納豆ノ年取リ」（民 p.93）
4	宮城県白石市 福岡彌治郎	12/25	「納豆年取り」（民 p.93）
5	宮城県名取市熊野堂	12/25	「納豆ねせ」（民 p.95）
6	宮城県登米郡迫町 古宿	12/25	「詰メの納豆ねせ」（民 p.100）
		1/7	「七草がゆ。こんぶ・大根・せり・青菜・にんじん・ごぼう・納豆を「唐土の烏と、いなかの鳥がわたらぬ先に七草たたけ」と7回たたいて、かゆに入れて食べる。」（民 p.100）
7	宮城県桃生郡 矢本町大塩	12/25	「納豆ねせ」（民 p.103）
8	宮城県亘理郡 亘理町逢隈中泉	12/25 頃	「納豆はお正月料理や冬季のおかずとして家でつくる。とくにお正月用には、暮れの二十五日ごろ「納豆ねせ」といって、日を決めて仕込んでいる。」（食 4 p.98）
9	宮城県伊具郡丸森町 大内佐野	12/25	「納豆つくりは、十二月二十五日にするものとされ、大豆五升くらいをねかせ、お正月を中心に冬中食べる。」（食 4 p.265）
	宮城県全域	12/25	「正月に供える納豆を「納豆ねせ」といって、十二月二十五日にねせるのが一般である。」（歳 1 p.137）
10	秋田県秋田郡 八郎潟町	12/25 頃	「十二月二十五日ころからは煤掃きをし、それがすむと、二十八日には正月用のもちを搗く。（中略）このころ、納豆をねかせておき、嫁にいった娘たちが正月に実家に遊びにきて婚家に帰るとき、みやげに持たせるようにする。」（食 5 p.64）
11	秋田県大館市板沢	12/25	「二十五、六日は納豆つくり。」（食 5 p.231）
12	山形県上山市高松	12/17	「高松観音の年越しのために部落中からもち米を出しあい、別当の家に集まり、17人の若者が裸に鉢巻、白い腹巻をして、おはやしの太鼓・祝い歌で千本杵を使い、餅をつき、部落の人々に納豆餅をふるまう。」（民 p.117）
		1/7	「七草。納豆汁を食べる。」（民 p.118）
13	山形県西村山郡 河北町谷地	1/7	「七草。本来はせり・なずな・ごぎょう・はこべら・仏の座・すずな・すずしろであるが、冬の最中のことで、納豆・油揚げ・こんにゃく・ごぼう・豆腐・にんじん・せり、またはにらのいわゆる納豆汁である。」（民 p.119）
14	山形県尾花沢市 銀山	12月	「大師講。納豆ねせ。」（民 p.120）

	地区*	日付	記述（資料**）
15	山形県酒田市 大字本楯	1/7	「七草。朝、センタラタタキを行なう。たらのもえ・串柿・せり・豆・大根・こんぶ・納豆などをまな板で年男が「せんたらたたき、たらたたき、唐土の鳥といなかの鳥と渡らぬ先のたらたたき」と唱えて、すりこぎと包丁でたたき、朝食の雑煮餅に入れて食べる。」（民 p.127）
16	山形県天童市天童	1/7	「一月七日の朝は、七草汁を食べる。春の七草にあやかって七種類の材料をとり合わせてつくる納豆汁である。ごぼう、にんじん、こんにゃく、いもがら、油揚げ、豆腐を固いものから順に煮て味噌を加えた汁に、すり納豆を入れてかき混ぜ、どろりとさせる。」（食 6 p.20）
17	山形県西村山郡 朝日町栗木沢	12/25	「二十五日ころ、正月に納豆もちや納豆汁に使う納豆をねせる」（食 6 p.66）
18	山形県最上郡 真室川町木ノ下	12/25	「二十五日は納豆づくり。わらつとこ（わらつと）をつくり、煮た大豆が冷めないうちに手早く詰め、えんつこ（わらでできた飯びつ）に入れて、こたつに抱かせ、二日間でつくる」（食 6 p.109）
19	山形県長井市成田	12/20 過ぎ	「二十日すぎると納豆ねかせをしなければならない。納豆漬は、三升もつくる。」（食 6 p.157）
20	山形県東田川郡 朝日村倉沢	12/26	「二十五日は煤を掃いて、二十六日には納豆をつくる。」（食 6 p.262）
	山形県全域	12/24-25	「納豆ねせ（二十四、五日ころ）各家では正月用の納豆を苞に入れてねせる。」（歳 1 p.235）
21	福島県岩瀬郡 長沼町長沼	12/28	「納豆ねせ。正月のお供えの餅をつく。すす払い。十二月にはいり、適当な日にすす掃いをし、ぼたもちをつくる。」（民 p.131）
22	福島県西白河郡 表郷村大字金山	12/25	「納豆ねせ。正月用の納豆をねせる。」（民 p.133）
23	福島県耶麻郡 西会津町大字奥川 宇彌平四郎	12/25	「納豆年越し。正月用の納豆をつくり、神に供える。」（民 p.135）
24	福島県河沼郡 会津坂下町青木	12/23	「節納豆。正月用の納豆をねせる。」（民 p.136）
25	福島県大沼郡 昭和村大芦	12/25	「納豆ねせ。正月用の納豆をねせる。」（民 p.137）
26	福島県相馬郡 飯館村飯樋	12/25	「納豆ねせ。」（民 p.143）
27	福島県相馬郡 鹿島町川子	12/25	「納豆ねせ。」（民 p.143）
28	福島県信夫郡 鎌田村北舟戸	12/25 頃	「十二月二十五日ころ、年中行事として納豆をねせる。冬から春の朝食に毎日食べるので、一二人家族で大豆一斗分の納豆をつくる。」（食 7 p.154）
29	福島県会津	12/20	「節納豆といって、正月中に食う納豆をこの煤掃きの日にねせる。豆に煤がかかると悪いといって、煤掃きが終わってからという。」（歳 1 p.281, 332）

	地区*	日付	記述（資料**）
30	茨城県新治郡八郷町大字下青柳	12/28 頃	「節餅つき。28 日が卯の日にあたれば 29 日。夜半から若者が 3 人で小きねでつきまくり、夜明けか午前 8 時ごろまでには終わる。若者たちは骨は折れるが、あん餅・からし餅（大根おろし）・納豆餅と品を替えての御馳走で腹づつみであった。」（民 p.153）
		1/7	「七草がゆ。おかゆの中に餅や納豆や青菜などを入れて食べる。七草（七種）全部は入れなかったようである。」（民 p.153）
31	栃木県小山市大字中島	12/25	「納豆日。納豆をつくり家中で会食する。」（民 p.160）
32	栃木県塩谷郡喜食連川町大字喜連川	12/25	「納豆ねせ。」（民 p.162）
		12/27	「納豆おこし。」（民 p.162）
33	栃木県那須郡黒磯町大字寺子	12/13 頃	「すす掃き。1 年間のすすを払い、新年を迎える準備をする。この日ごろがいちばん良いとされた。このころ納豆ねせをする。」(民 p.163)
34	栃木県河内郡羽黒村	12/24	「十二月二十四日は納豆ねせの日で、どこの家でも、一斗から二斗の大豆を朝から大きな丸釜で煮る。」（食 9 p.48）
35	栃木県西那須野町三島	12/25	「毎年十二月二十五日は納豆の日で、この日に村中いっせいに納豆ねかせ（仕込み）をやる。暮れから正月にかけて食べる当座用の納豆と、加工用の納豆の、一年間に食べるすべての納豆を、この日一日でつくってしまう。」（食 9 p.188）
36	新潟県東蒲原郡津川町大字津川	12/24	「納豆ねせ。」（民 p.237）
37	新潟県南魚沼郡六日町大字泉	12 月	「納豆五日。」（民 p.244）
38	新潟県南魚沼郡六日町大字畔地	12 月 暮れ	「すす掃き・納豆ねせ・松切りなどをする。」（民 p.244）
39	新潟県十日町市鉢	12/23 頃	「納豆ねせ。納豆は正月のサイガシラといって昔は必ずつくって、えびす様にあげた。」（民 p.244）
40	新潟県村上市西興屋	12/25	「一二月二十五日は納豆年夜。どこの家でも納豆をねかせる。二十四日から大なべで大豆を煮る。（中略）納豆は大みそかに出して味わう。正月、小正月のごちそうでもあり、焼いたもちをひっぱって、中に塩で味つけした納豆をはさんで納豆もちにして食べることもある。」（食 15 p.103）
41	新潟県山古志郡種苧原村	12/25	「暮れの二十五日は「納豆五日（ごんち）」という。この日、正月用の納豆をつくる。その後は春先まで、よく納豆をつくっておかずにする。」（食 15 p.156）
42	新潟県北魚沼郡川口町	12/25	「一二月二十五日は「納豆五日（なっとうごんち）」といって、正月用の納豆をどこの家でもつくる。（中略）納豆五日は煤（すす）払いが終わって正月を迎えるための行事の出発の日である。」（食 15 pp.207-208）

	地区*	日付	記述（資料**）
43	新潟県栃尾市外 (a) 南魚沼郡六日町 (b) 南魚沼郡大和町 (c) 岩船郡下川郷 (d)	12/25	「納豆ねせ　二十五日にねせるところが多い。栃尾市外では、ナットウゴンチ（五日）と呼ぶ。南魚六日町では、必ず煤払いのあとで行い、ねせるときにオット（一本の藁を引きかえし「結びの呼称」にしたもの）を苞のなかにいれる。ほかでは、このオットに当たるものをヨメ・ヨメムコあるいはオトコなどといい、広く行われている。この日を納豆正月（南魚大和町）、納豆の年夜（岩船郡下川郷）というところもある。」（歳 2 pp.164-165）
44	京都府京都市左京区 花脊原町	12/20	「二十日正月。納豆マキをつくって食べる。納豆マキは薄く丸くのばした餅を二つ折りにし、その間に砂糖入りの納豆をはさむ。餅のとり粉にはきな粉を用いる。」（民 p.371）
45	京都府京都市左京区 静市静原	1/3	「みそ雑煮（豆腐・ずいき芋などを入れる）をするが、また、納豆餅をつくって食べる。」（民 p.371）
46	京都府北桑田郡 京北町	正月 三が日	「正月三が日の朝は、納豆もちで祝うのである。大きなもちを二つ折りにしてつくった納豆もちは、お盆からはみ出るほど大きい。」（食 26 p. 137）

*　書籍出版時の地名であり、現在では合併しており、当時の地名が残っていない場合もある。地区の番号は、文中および図1の番号に対応している。

**『日本民俗地図II 年中行事2』のデータは1962（昭和37）年度から1964（昭和39）年度に調査が実施されたものとされる。『東北の歳時習俗』のデータの調査時期は不明だが、出版された1970～75（昭和45～50）年あたりの情報が多いと思われる。『日本の食生活全集』は大正の終わりから昭和の初め頃のデータである。

民：文化庁編（1971）『日本民俗地図II 年中行事2』国土地理協会
歳1：三浦貞栄治・森口多里・三崎一夫・今村泰子・月光嘉弘・和田文夫（1975）『東北の歳時習俗』明玄書房
歳2：藤本良致・漆間元三・橋本芳契・佐久間惇一（1975）『北中部の歳時習俗』明玄書房
食4：日本の食生活全集宮城編集委員会編（1990）『日本の食生活全集4　聞き書　宮城の食事』農山漁村文化協会
食5：日本の食生活全集秋田編集委員会編（1986）『日本の食生活全集5　聞き書　秋田の食事』農山漁村文化協会
食6：日本の食生活全集山形編集委員会編（1988）『日本の食生活全集6　聞き書　山形の食事』農山漁村文化協会
食7：日本の食生活全集福島編集委員会編（1987）『日本の食生活全集7　聞き書　福島の食事』農山漁村文化協会
食9：日本の食生活全集栃木編集委員会編（1988）『日本の食生活全集9　聞き書　栃木の食事』農山漁村文化協会
食15：日本の食生活全集新潟編集委員会編（1985）『日本の食生活全集15　聞き書　新潟の食事』農山漁村文化協会
食26：日本の食生活全集京都編集委員会編（1985）『日本の食生活全集26　聞き書　京都の食事』農山漁村文化協会

た順序が決まっていた（表1：地区20、29、42、43）。正月を迎えるための重要な年中行事として納豆づくりが位置付けられていたことがわかる。

正月の納豆餅と人日の納豆汁

岩手、山形、茨城、新潟、京都の8地区では、年末につくった納豆を納豆餅にして食べる（表1：地区1、12、17、30、40、44～46）。納豆餅を食べる習慣は東北各地に広がっているので、検索した文献からは見つからなかっただけで、この5県8地区に限ったことではないであろう。東北で見られる一般的な納豆餅は、餅に納豆を絡める食べ方である（写真1）。一方、京都の納豆餅は、納豆を餅で包む食べ方である（写真2）。新潟県村上市でも京都と同じような食べ方がされているが（表1：地区40）、京都では餅に包む納豆に砂糖で味を付けるのに対し、村上市では塩で味を付ける。京都の京北、美山、日吉中部では、現在でも正月三ガ日に黒砂糖で練った納豆を餅に包んだ納豆餅を食べている。[†2] 山形県上山市や茨城県八郷町では、納豆餅は地域の人々にふるまうものとされ、年末年始を地域の人々と祝うための食として重要な意味を持っていた（表1：地区12、30）。

また、1月7日の人日の節句における納豆の利用も興味深い。「芹（せり）薺（なずな）　御行（ごぎょう）繁縷（はこべら）　仏の座　菘（すずな）　蘿蔔（すずしろ）　これぞ七草」という、よく知られた和歌があるが、これらを入れた七草粥を食べて無病息災を祈るのが、今に続く人日の節句である。しかし、雪深い地域では早春に七草を揃えることができない。そのため、干物や保存食を利用することがあり、七草粥の具として納豆を入れたり、お粥ではなく入手可能な七種の材料を入れた納豆汁を食べたりする（表1：地区6、12、13、15、16、30）。とくに山形各地では、現在でも人日の節句には納豆汁が食べられている。

写真1　山形の納豆餅
出典：山形県「やまがたの広報写真ライブラリー」https://www.pref.yamagata.jp/purpose/koho/movie-photo/7020026photolib-top.html

写真2　京都の納豆餅
出典：農林水産省「うちの郷土料理～次世代につたえたい大切な味～」https://www.maff.go.jp/j/keikaku/syokubunka/k_ryouri/search_menu/menu/nattomochi_kyoto.html

供物としての納豆

年中行事には根底に「神仏への祈り」があり、たとえば神事では、祈りとともに食材や料理を供え、それを神と人とが共に食べることにより、神の守護を得られると考えられている。[†3] 福島県西会津町では「正月用の納豆をつくり、神に供える」とされ（表1：地区23）、供物として納豆が利用されていた。

供物として使われる納豆について、正月につくられる納豆と同じく、日本各地の民俗行事を記録した文献[*]から事例を収集し、その傾向を分析した（表2、図1）。その結果、納豆は岩手県、宮城県、山形県、福島県、新潟県において、「歳徳神」、「大黒天（大黒さま）」、「恵比寿天（恵比寿さま）」、「山の神」、「ミタマ（御霊）」への供物として利用されている事例が見られた。

歳徳神は、年徳神、年神、歳神、正月さまなど、地域よってさまざまな呼び方がある。厳密にはそれらに違いがあるのかもしれないが、基本的には幸福をもたらす神であり、農耕の神である稲霊、もしくは祖先の神とされる祖霊である。[†4] 1年の無事を歳徳神に感謝し、新しい歳徳神を迎えるために、大晦日に「年取り膳」をお供えする（表2：地区2、48）。供えた膳と同じものを家族で食べ、正月の神を迎える。また、岩手県水沢市では、その年の歳徳神が来る恵方に向けて祀る「年棚」に稲ワラ納豆を吊るして供えていた（表2：地区47）。

大黒天への供物は、毎年12月9日に「大黒様のお歳夜」といって、大黒天への感謝と願いを込めた年越し行事が山形県で行われている（表2：地区49）。そこでも納豆が供物として用いられていた。記述にある「マッカ大根」とは、二股大根のことである。言い伝えによると、以下のような理由で大黒様のお歳夜に二股大根が供えられることになったとされている。

昔、大黒さまが、餅を食べ過ぎて腹痛をおこした。川で下女が大根を洗っているので、その一本を所望すると、これは主人に数えて渡されているのでと、股大根の片方を折って差し上げた。大黒さまはそれを食べて腹痛が治った。それで餅を食べるときは必ず大根を食べるものだ。[†5]

東北地方では、12月に入ると各地で大黒天のほか、恵比寿天、山の神などに無事収穫を終えたことを感謝するための「神様の年越し」が各家庭で行われる。恵比寿天への供物として納豆が使われていた地区が山形県飯豊町と新潟県十日町市に見られた（表2：地区39、50）。山の神に関しては、各地に正月の5日間は山に入ってはならないという禁忌が伝えられており、1月6日になる

＊――検索した文献は、『日本民俗地図Ⅱ 年中行事2』（国土地理協会）、『日本の歳時習俗』（明玄書房）の全10巻、『日本の民俗』（第一法規出版）の全47巻である。

表2　供物としての納豆

供え先*		地区**	日付	記述（資料***）
歳徳神	2	岩手県江刺市稲瀬	12/25	「正月用の納豆を作る習慣は村々にあった。それを節納豆と呼び、江刺市稲瀬では一二本（閏年は十三本）作る。旧十二月二十五日に寝せるが、年神さまに上げるものは寝せる前に苞に小さな藁の皿結びを入れておく。空になった苞の藁はほかの藁とは区別し、打って保存し、田植えのときこれを苗のタバワラ（苗を束にして結わえる藁）として使えば、作がよいとか、虫がつかぬとかいう。」（歳 p.82）
	47	岩手県水沢市	12/31	「この夜年棚に上げる納豆の苞はほかの苞よりも大きく作り、上を輪に結んで吊るした。」（歳 p.83）
	48	宮城県栗原郡 金成町長根	12/31	「年取りの膳　皿は赤魚の焼き魚、鱈の吸い物、数の子・鮑・牛蒡・人参・芋などのお平、お汁は豆腐にタヅクリ、それに納豆を供える。」（歳 p.142）
	25	福島県耶麻郡 西会津町大字奥川 字彌平四郎	12/25	「納豆年越し。正月用の納豆をつくり、神に供える。」（民 p.135）
大黒天	49	山形県最上郡 大蔵村大字南山 字肘折	12/9 （旧）	「大黒様。マッカ大根を神棚にあげ、できるだけの料理を供える。昔は 100 品供えたというが最近は 47 品供える。納豆は 10 品、豆腐は 10 品と数える。」（民 p.121）
恵比寿天	39	新潟県十日町市鉢	12/23 頃	「納豆ねせ。納豆は正月のサイガシラといって昔は必ずつくって、えびす様にあげた。」（民 p.244）
	50	山形県西置賜郡 飯豊町中津川	12/27	「正月がちかづくと納豆をねせる。西置賜郡飯豊町中津川では「節納豆は二人でねせる」といい、一人ですると納豆用に煮た豆がマガル（でき損じる）という。ここでは暮れの二十七日が納豆の口あけで、えびす棚にそなえてからたべる。」（民山 p.224）
山の神	22	福島県西白河郡 表郷村大字金山	1/6	「山入れ。山へ行き、餅・納豆・塩などを供え、幣束を立て山の神を祭り、柴を 1 束くらいきって背負ってくる。」（民 p.133）
	51	栃木県河内郡 南河内村寺薬師寺	1/6	「山入り。米・塩・さかな・餅・納豆を供える。」（民 p.157）
祖先	52	福島県喜多方市 岩月町入田付	3 月	「正月の餅は径 1 尺ぐらいにのばして凍らせ、彼岸に焼いて納豆で供える。」（民 p.134）

供え先*		地区**	日付	記述（資料***）
御霊（ミタマ）		宮城県全域	12/31	「年取りの夜、オミタマサマといって、一二個（閏年には一三個）の握り飯に、特定の木で作った箸を一本ずつ立て、箕の上に干柿・納豆・昆布とともに載せ、棚の上や仏壇に供える。」（歳 p.141）
	53	宮城県全域、気仙沼市鹿折（a）、宮城郡宮城町赤生木（b）	12/31	「年越しの夜、オミタマサマ（お御霊さま）をまつり、正月中お供えする習俗が、ほぼ全県下にみられる。気仙沼市鹿折では、箕の上に新仏の位牌と線香をのせ、一二個の餅（閏年には一三個）と干し柿・みかんを供えて仏壇の側に置く。餅のかわりに握り飯を並べ、セリ・昆布・納豆などをふりかけ、箸を一本ずつさして、仏壇の前に供えるところもあり、また宮城郡宮城町赤生木では元旦にオミタマサマの箕の口を明きの方にむけなおすならわしである。」（民宮 p.203-204）
	54	宮城県柴田郡村田町（a）、桃生郡成瀬町浅井（b）	1/2-3	「柴田郡村田町などでは、箕に鏡餅をいれてオミタマサマ（お御霊さま）として、かまどの上に供え、二日に下げて鏡割りし、三日の朝焼いて食べる。ミタマナットウ（御霊納豆）と称して、特に納豆をつくり、賽の目に刻んだ餅にかけて供えるところもある（桃生郡成瀬町浅井）。」（民宮 p.203）
	12	山形県上山市高松	12/31	「年越し。神棚のすすを払い、お膳を供える。明けの方に年徳神を祭り、オミダマにクヤ棒をさし、ゆずりはに納豆を添えて供える。そして静かに除夜の鐘を聞き、いろりの火を絶やさず正月を迎える。」（民 p.118）
	55	山形県置賜地方	12/31	「オミダマを供えるとき、朴の木の葉のなかに納豆・布海苔・昆布・切餅、それに塩を包んで一緒に供えるが、この朴の木の葉に包んだものは囲炉裏の上に上げておき、苗代に蒔く。」（歳 p.237）

*　歳徳神には、年徳神、年神、正月さまなどの呼び方がある。

**　書籍出版時の地名であり、現在では合併しており、当時の地名が残っていない場合もある。地区の番号は、文中および図1の番号に対応している。

***『日本民俗地図II 年中行事2』のデータは1962（昭和37）年度から1964（昭和39）年度に調査が実施されたものとされる。『東北の歳時習俗』のデータの調査時期は不明だが、出版された1970 ～ 75（昭和45 ～ 50）年あたりの情報が多いと思われる。『日本の民俗 宮城』と『日本の民俗 山形』は1970年代前半当時に残っていた行事のデータである。

民：文化庁編（1971）『日本民俗地図II 年中行事2』国土地理協会

歳：三浦貞栄治・森口多里・三崎一夫・今村泰子・月光嘉弘・和田文夫（1975）『東北の歳時習俗』明玄書房

民宮：竹内利美（1974）『日本の民俗 宮城』第一法規出版

民山：戸川安章（1973）『日本の民俗 山形』第一法規出版

と山に入り、山の神にお供えをする。その年中行事は「山入り」とか「若木迎え」などと称され、福島県表郷村と栃木県南河内村では、山入りの際に納豆が山の神へ供えられた（表2：地区22、51）。また、これらの神事とは別に、福島県喜多方市では、仏事である彼岸に正月に搗いた餅に加えて納豆も一緒に供えていた（表2：地区52）。

ミタマと納豆

次に表2の事例にあるミタマに供えられる納豆の事例について紹介したい。ミタマは、地域によってオミタマサマ、オミダマサマ、オミタマ、オミダマ、ミタマノモチ、ミタマメシ、ミダマメシ、ニダマメシ、ミタマママなどと呼ばれる。[†6] ミタマとは何なのか。『日本民俗大辞典』の「みたまのめし（御霊の飯）」の項では、次のように説明されている。

ミタマ祭に供える飯や餅のこと。単にミタマとかミダマなどともいう。ミタマ祭とは年の暮れから正月にかけての時期に、箕の上に握り飯や粢（しとぎ）・餅・団子などを並べて供える習わしをいい、こうした行事は宮城・新潟・群馬・茨城・埼玉・長野などの各県に認められる。供える場所は仏壇や神棚・床の間・年神などさまざまである。宮城県桃生郡河南町前谷地ではミタマと称し、家の老女が、年越の晩に箕の中に飯を十二個置いて納豆をのせ、裏座敷に箕の口を北向きに供える。正月が終ると下ろして供え物は流す。宮城県内では箕にあげた飯に麻殻や箸を刺す例も多い。（中略）呼称のミタマは御魂すなわち祖霊と解釈されること、みたまの飯は仏壇に供える例が見られることなどから、年に二度、暮れと盆に実施されたと推測される祖霊祭のうちの一方の、暮れの祖霊祭の姿を示す民俗という理解があり、『枕草子』や『徒然草』記載の魂祭との連続性も指摘されている。また田の神、ひいては年神や先祖神に対する供物であったという見方もある。この供物の背後には、年玉と同じように年神・祖霊とまつり手との間での魂の分配や、共食の観念がうかがえる。[†7]

この説明では、供える場所が仏壇であったり、神棚であったり、また供え先が年神、先祖霊、田の神など、まったく統一されておらず、ミタマは何のために供える飯なのかわからない。各地の事例を示した表2でも、供え先はさまざまである。宮城県北東部32地区でミタマ調査を実施した小野寺正人によると、ミタマを供える場所は、仏壇、仏間、神棚、神棚の端、歳徳神の側、カマ神、座敷、裏座敷、上座敷、床前、土間の臼の上、台所の上、台所の裏、中の間、納屋、納戸など多様であると記されている。[†8]小野寺によると、32事例の半数がミタマを仏さまにあげるものとされるが、ミタマを供えている家でも、何のために供えているのか、はっきりした理由を持っているわけではないようだ。民俗学の分野でもその解釈は定まっておらず、大本敬久は、ミタ

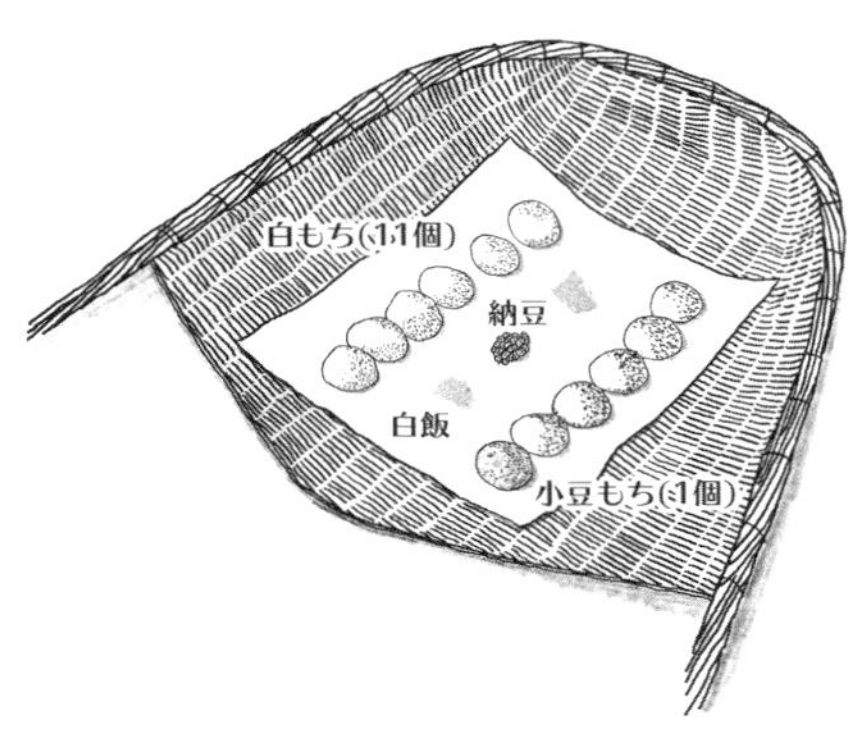

図2　ミタマノメシ。1988年11月、宮城県加美郡小野田町、千葉寛撮影

出典：日本の食生活全集宮城編集委員会編（1990）『日本の食生活全集4　聞き書　宮城の食事』農山漁村文化協会、223頁に基づき作図

マを新仏（死霊）に供える例はほとんど見られないと述べ、「このみたまの飯といわれているのは、正月に先祖の霊を祀るというよりも、正月のはじまる直前に仏に対して正月期間の飯をまとめて供えて、正月には何もしないという儀礼とみることはできないだろうか」との見解を提示している。[↑9]

ミタマは、どのような形で神や仏に供えていたのであろうか。文章ではイメージがつかめないと思うので、1988年11月に宮城県加美郡小野田町で撮影された写真を元に筆者がスケッチしたものを参照してもらいたい（図2）。箕に紙を敷き、その上に白餅が11個と小豆餅1個の計12個の餅が両脇に置かれ、中央には2カ所に白飯、その間に納豆が置かれる。それを仏壇に供える。地域によっては、餅に箸を立てることもある。また、閏年には餅の数が12個ではなく13個になる。

小野寺が実施した宮城県の32地区の調査地のうち、箕の上に供物を置く地区が28地区、盆の上が4地区となっており、ほとんどの地区では箕が用いられていた。供物には必ず餅か飯が入れられ、飯だけが8地区、餅だけが18地区、飯と餅の両方が6地区であった。さらに沿岸部を中心に布海苔を供えていたのが13地区、そして内陸部を中心に納豆を供えていたのが8地区であった。論文が掲載された1970年の時点で、調査を実施した32地区のうち、すでに12地区ではミタマの風習が見られないと記されていた。それから50年以上が経っている現在、ミタマの行事はどれだけ残っているのだろうか。

日本のワラ文化

秋田県八郎潟町では、家庭の味である自家製納豆を親族で分け合う風習が見られた。正月に嫁いだ娘が戻ってきて、婚家に帰るときに納豆をみやげに持たせていた（表1：地区10）。また、岩手県江刺市では、歳徳神に供える納豆には、苞に小さな藁の皿結びを入れ、その苞のワラは分けて保存しておき、田植えの時に苗を束にして結わえるワラとして使うと虫もつかず豊作になるという信仰が伝えられていた（表2：地区2）。正月に稲ワラで納豆をつくって、食べて、そして願うことにまつわる風習と信仰の事例である。

稲ワラの利用とその文化を研究する宮崎清は、米の副産物であるワラを活用する文化を「ワラ文化」と称し、収穫後のワラは、細工をしたり、家畜の飼料にしたり、すき込んで肥料にしたり、また燃やして燃料にして、最終的には土に戻って、新たな生命を育てる糧となることから、ワラのなかには稲霊が宿っていると考えられ、常民たちはワラに対して強い信仰を持つようになったと述べる。[†10] 前述の歳徳神に供えた納豆の苞のワラを田植えに使い豊作を祈願する行為は、稲ワラに願いを叶えてくれる力があると人々が信じていることを表している。

稲ワラを用いた納豆づくりは、その出来が稲ワラに付着する枯草菌の種類によって左右されるので、うまく糸が引く納豆ができる時もあれば、失敗することもある。納豆づくりを日常の夫婦関係や生業と結びつけた俗信も各地で記録されている。たとえば、山形県飯豊町では正月の納豆は夫婦でつくらなければならず、一人でつくると失敗するとされる（表2：地区50）。また、福島県鎌田村では糸引きの良い納豆ができあがった年は、蚕のできが良いと予想して喜ぶのだという（表1：地区28）。福島の事例は、蚕が出す糸を納豆の糸になぞったものと考えられる。

普段から食べ物を包むためにワラを利用していた人々が、いつの時代かわからないが、そのワラで煮豆を包んで納豆という食べ物をつくり出した。おそらくその時から納豆と稲ワラは一体化し、人々の生活と深く関わる大切な食べ物となった。稲ワラでつくられた納豆は、ハレの食となり、神仏に供えられ、しかもつくる時の稲ワラは信仰の対象にもなった。そのような視点から納豆を見ると、納豆は日本のワラ文化を代表する食として位置付けられよう。

稲ワラ利用の衰退

日本では1970年代以降、自給用に稲ワラで納豆を生産する地域が消滅した。その原因は、農村部におけるワラ利用の衰退にある。滋賀県朽木村での調査では、1955年以降に動力耕転機が登場し、さらに化学肥料と農薬が使用されたことで、まずは役畜の飼料としてのワラ利用が衰退した。[†11] 堆厩肥が減少したことで化学肥料への更なる依存を招き、結果として役畜がいなくなり、役畜飼育と堆厩肥に付随していたワラ文化が1960年代前半までに消滅した。

東北でも稲ワラの衰退は、滋賀県朽木村と同様のプロセスを辿った。1976年の秋田県広報誌『あきた』の記事では、ワラを使った衣食住の加工品は、明治時代までは自家消費のためにつくられており、大正時代に入るとワラ細工が農家の副業として推奨され、冬の農閑期につくったものを町で売っていたと記されていた。しかし戦後、毛織物やゴムなどのワラ製品の代替品が市場に出回ると、農家のワラ利用は大きく減少した。代わって機械化した専門業者が縄や莚(むしろ)を製造販売することになり、さらに家畜がいなくなった農家では堆肥をつくらなくなったので、ワラは持て余しものになった。[†12] 図3は、日本の農村で稲作の機械化が普及し始めた頃の秋田県の稲ワラ利用を示したデータである。1975年になると、これまでワラ文化を支えてきた衣食住の加工用に使われるワラの割合は、全体のわずか2・2%に落ち込んだことが示されている。加工用の稲ワラは、刈り取り後にはざかけして、十分に乾燥させ、脱穀したものが使われるが、1970年代になると、バインダー・コンバインが普及したことで、ワラを取り出して利用すること自体が困難となった。

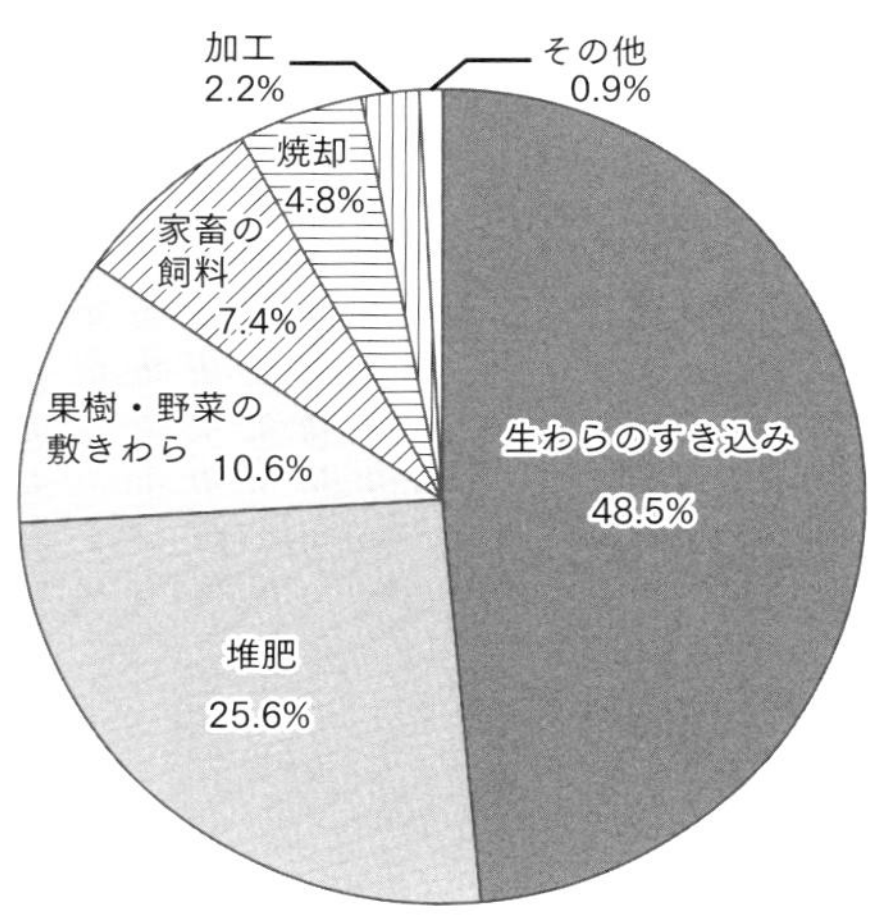

図3　秋田県における1975年の稲ワラ利用
出典：秋田県広報協会（1976）「稲わらを考える――このかけがえのない資源」『あきた』15（10）、6頁より作成

大屋納豆の挑戦

現在は1970年代とは状況が異なり、稲ワラ収集用の作業機も使われている。もしかして、東北地方なら現在でも自家製納豆をつくっている人がいるかもしれないと思い、山形や秋田で納豆生産に携わる方々、そして農文協の編集者の伝手をたどり、自家製納豆をつくっている方を探してもらった。残念ながら、自家製納豆の生産者を見つけることができなかったが、秋田県庁の方から秋田県横手市大屋地区で、かつて稲ワラでつくった納豆を復活させる取り組みを行ったという情報が得られた。2018年2月に東北地方を調査した際に、横手市大屋地区の栄公民館の指導員である元高校教諭の戸田義昭さんから、「大屋納豆」復活の試みについて話を伺った。

言い伝えによると、大屋地区では、江戸時代から納豆をつくって横手城下町で売っていた。最盛期の1935年前後は、村内73世帯中、70世帯が納豆をつくって行商していたらしい。大屋地区では、納豆をつくるのも売るのも女性の仕事であった。石室に焼石を埋めて発酵させた納豆をひきわりにするのが大家納豆の特徴であった。しかし、何度か焼石から稲ワラへ燃え移る火事が発生し、ある時期（不明）から焼石の代わりに湯たんぽを使うことになった。戸田さんに見せていただいた資料などをもとに、当時の石室をスケッチしてみた（図4）。石室全体を熱源となる湯たんぽで温めて、大豆の発酵を促す構造になっている。納豆は2晩寝かせるので、毎日切れ目なく納豆を生産するために家には石室が2つあり、それらを交互に使いながら生産していた。しかし、1950年代（昭和25〜35年）頃から稲の栽培に農薬を使い始めたことで、稲ワラの入手が困難になった。それでも、数世帯は納豆をつくり続けていたが、1970年代半ばに大屋地区の納

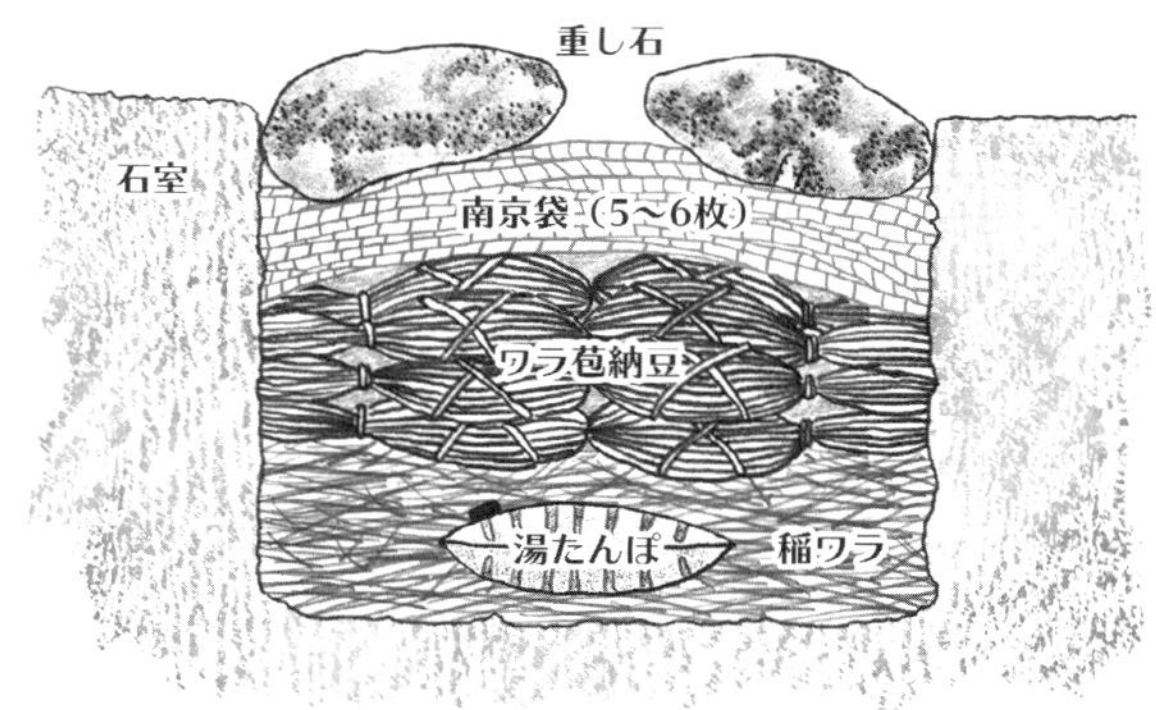

図4　秋田県横手市大屋地区で使われていた納豆発酵用の石室
出典：戸田義昭氏提供の資料および、フーズ・パイオニア編（1975）『納豆沿革史』全国納豆協同組合連合会、214頁に基づき作図

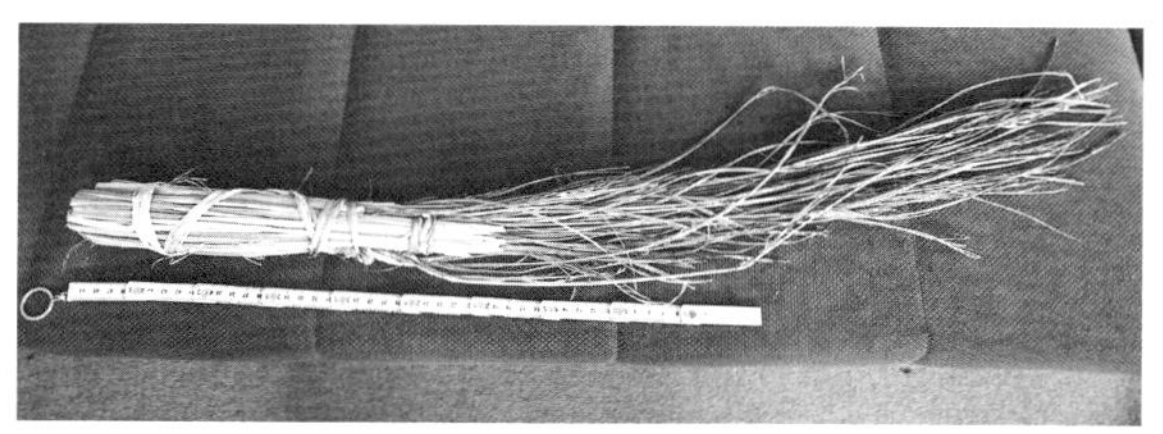

写真3　無農薬の古代米からつくられたワラ苞。
2018年2月、秋田県横手市栄公民館

豆生産は消滅した。稲ワラが利用されなくなったのは、滋賀県朽木村の事例と同時期であり、全国的に稲ワラ利用が衰退した時期が1970年代であったことがわかる。

大屋納豆の復活は、戸田さんが停年後に地元の公民館の指導員となり、納豆づくりの技術を後世に伝えようと計画したものであった。まず、稲ワラを調達するために古代米を無農薬栽培することから始めた(写真3)。そして2007年に「大屋納豆再生実行委員会」を立ち上げ、納豆を生産していた方々を講師として、稲ワラ納豆づくりにチャレンジした。かつて納豆を生産していた人たちは、すでに80歳代になっていて、戸田さんは、この時が大家納豆を再現する最後のチャンスであったと述べる。納豆生産者の家にあった石室は残っていなかったので、昔と同じ環境ではないが、石室の代わりに発泡スチロールの保温箱を使って納豆をつくった。そして、昔ながらの稲ワラを使った大屋納豆の再現に成功した。

再現した稲ワラ納豆を大屋地区の振興につなげるため、JR東日本に協力を仰ぎ、2007年と2008年の2度にわたり、大屋地区の最寄駅である奥羽本線・柳田駅から地元の公民館まで名所を巡りながら歩くイベント「駅からハイキング」を開催し、大屋納豆の納豆汁を参加者に振る舞った。順風満帆の復活と思えた大屋納豆であったが、ここで立ちはだかったのが、食品衛生法の壁であった。保健所から、稲ワラでつくった納豆を自分たちで食べるのは問題ないが、それを客に売ってはいけないと指導されたのである。結局、大屋納豆の再現には成功したものの、地域にとってまったく金銭的な利益にはならない納豆を地域振興に結び付けることは難しかった。

古代米の無農薬栽培も中断せざるを得なくなり、２００８年を最後に、大屋納豆の再生プロジェクトは終わった。しかし、戸田さんらは、大屋納豆を後世に伝承するために、納豆の再現を、ＤＶＤ「大屋物語り――昔なつかしい幻の味　秋田・大屋納豆」として記録した。

大屋地区で稲ワラ納豆づくりが継続できたら、納豆を用いたさまざまな年中行事も復活できた可能性があった。しかし、食品衛生法の壁をクリアし、かつ納豆をつくるための稲ワラを供給し続けることは容易ではない。大屋納豆の事例から、一度失われてしまった稲ワラ納豆とそれに付随するワラ文化の復興は非常に難しいことがわかる。

稲ワラ文化の消滅

第2章「日本における稲ワラ納豆の消滅」で記したように、１９５０年代後年（昭和30年代半ば）に納豆製造業が都道府県による許可営業制へと変更になり、稲ワラを菌の供給源とした商業的な納豆生産はほとんど消滅した。次いで、１９７０年代以降は、農業の機械化と農薬の普及、それに伴う役畜利用の衰退により稲ワラの利用自体が衰退し、自家製の稲ワラ納豆もつくられなくなった。１９７０年代の農業機械化は、米の生産効率を上げ、農村の生活を向上させたが、それと引き換えに、各地で連綿と引き継がれてきたワラ文化を消滅させた。稲ワラ納豆も、こうした時代の流れで消えてしまったワラ文化の一つであった。

現在、誰も納豆をハレの食だとは思っていない。今でも地域によっては、正月の歳徳神に供える「年取り膳」や「大黒様のお歳夜」の行事は続いているが、稲ワラを使って自家製納豆をつくる「納豆ねせ」は行われていない。正月に納豆をつくる風習は、すでに過去のものとなってしまった。

そして完全にケの食となった納豆は、安くて身体に良いという点だけが注目され、かつてハレの食であり、また神仏の供物にもなっていたことは、人々の記憶から消え去られつつある。

04 アジアのおかず納豆

純粋培養させた菌を使おうが、稲ワラを使おうが、大豆を枯草菌で発酵させれば納豆である。日本の納豆は、ご飯にかけて食べるおかずであるが、同じくアジアでもおかずとして食べる地域がある。しかし、主食がウルチ米の地域とモチ米の地域では、納豆の食べ方が異なっていた。ウルチ米を主食とするミャンマー・カチン州や中国徳宏では、日本と同じように納豆をご飯にかけて食べるが、モチ米を主食とするタイ北部では、潰してひき割り状にした納豆をモチ米に付けて食べていた。これまで報告がなかったベトナム北部の納豆もモチ米のおかずであった。そして、ラオス北部では大豆ではなくピーナッツで納豆がつくられていて、それがモチ米のおかずとなっていた。

ミャンマーのおかず納豆

日本納豆は、ご飯にかけて食べるおかずである。アジアでも納豆ご飯を食べる地域がある。吉田よし子の『マメな豆の話』では、ミャンマーのパオの人たちの納豆の食べ方に関して「トウガラシ粉と塩、シャロットの薄切りといっしょに、熱いご飯に混ぜる」[†1]、そして中国雲南省西双版納タイ族自治州景洪市の市場で「弁当売りが納豆飯を売っていた。熱湯にネギとトウガラシ、醤油を混ぜたものをご飯の上にかけてくれる。」[†2]と記されている。

これまで筆者が実施した調査では、残念ながら納豆に醤油をかける食べ方は見たことがないが、納豆をご飯にかけて食べたり、ご飯にはかけないが、おかずとして食べたりする地域は、中国徳宏と東南アジアで確認できた。まずは、多様な納豆が見られるミャンマーを皮切りにどんなおかず納豆があるのか見ていこう。

ミャンマー最北部のカチン州プータオ県で、ジンポーのドジャナさんの家で納豆の調査をした後に粒状の糸引き納豆を1袋いただいた。[*]その納豆を調査中にお世話になった食堂に持って行き、地元の人たちが普通に食べるように調理してもらったのが写真1の納豆である。これをご飯にの

---

*——ドジャナさんの納豆のつくり方については、第1章37頁ページを参照のこと。

せて食べる。大豆の味がしっかりした中粒の糸引き納豆で、塩とトウガラシがきいており、さらに長ネギ、玉ネギ、ニンニク、ショウガ、香菜が発酵臭を和らげてくれる。とても食べやすく、美味しい納豆ご飯であった。

次に紹介するのは、マグウェ管区ガンゴー県ソー郡区ピンレー村に住むビルマ系民族「タウンダー」の人たちがつくる納豆の食べ方である。村に到着して、すぐに納豆をつくっているドーエーチェインさんの家で納豆の調査を行っていたところ、*「村に日本人が来た!」という情報が

写真1　食堂で調理してもらったジンポーがつくった粒状納豆。2014年3月、カチン州

写真2　カレーのスープに浸された納豆。2014年3月、マグウェ管区

広がり、次から次へと人が集まってきた。寺の住職の話によると、第二次世界大戦後に残留していた日本兵が、寺の派閥争いを調停したという言い伝えが残されており、その日本兵のおかげで地域の平穏が保たれたらしい。それを最後に、村に日本人が訪れたことがなかったが、突然、日本人の私が来たので、村では私を歓迎するムードになったようだ。

集まってきた村人がヤシ酒の入ったポットを持って来た。ヤシ酒は甘くて口当たりが良いが、アルコール度数が高い。酔ってしまうと調査ができないので、できるだけ飲まないようにするが、ヤシ酒攻撃が続く。そして、宴会が始まってしまった。その食事の一品として出されたのが、カレーのスープに浸された山盛りの納豆であった（写真2）。インドやネパールで食べたようなカレーの中に納豆が入っているスープではなく、メインが納豆である。現地の人たちが、この納豆をどのように食べるのか観察すると、皆がご飯の上にかけて食べていた。私も真似して、納豆をご飯の上にかけて食べてみると、カレー味の納豆とご飯の組み合わせは、とても美味しかった。

翌朝、私が宿泊した寺に村人たちがたくさんの朝食を持って来てくれた。その中には塩で味付けた粒状納豆の揚げものなども含まれていた。どれも、これまで食べたことのない料理で美味しかったが、料理に大量の油を使うのがビルマ料理の特徴で、日本人の私にとっては油っぽくて、多くは食べられなかった。

＊――ドーエーチェインさんの納豆のつくり方については、第1章42〜43頁を参照のこと。

中国徳宏のおかず納豆

中国徳宏は、ミャンマーのカチン州およびシャン州と隣接しており、漢族以外にタイ系民族の徳宏タイ、そしてミャンマーのカチン州に多いジンポー、そしてシャン州に多いパラウンの人たちが暮らしている。2015年7月に中国徳宏の芒(マン)市と瑞麗(ルイリー)市の2地区で調査を実施した。

調査初日、芒市第一総合市場を訪れると、惣菜を売っているお店で底の浅いザルに入った粒状の糸引き納豆が売られていた（写真3）。納豆は、中国語では豆豉(トウチ)、徳宏タイ語ではトゥア・ラオと呼ばれている。この市場では、市内3地区の7世帯の生産者が納豆を市場の各店に卸しており、そこで納豆を売っていた生産者の家を訪れた。

その納豆生産者は、市場から5分ぐらい車で東に走った松木村に住む漢族の孔さん（49歳）である。かつては自ら食べるために納豆をつくっていたが、1981年から納豆を売り始めた。現在は、雨季は35〜40キログラム／日、乾季は100キログラム／日の大豆を使って納豆をつくっている。ザルの数にすると、雨季は50枚弱、乾季は100枚ほどになる。つくり方は、菌の供給源として植物の葉は使わずに、茹でた大豆をそのままザルに移して2晩（乾季は3晩）寝かせるだけである。孔さんの母は、かつて植物の葉を使っていたようだが、それが何だったのかわからないと言う。生産する納豆の種類は、粒状納豆の豆豉、そして豆豉に塩、トウガラシ、サンショウ、ショウガを混ぜて、ミンチしてから固めた円筒形納豆の乾豆鼓（ガン）（写真4）の2種類である。乾豆鼓は1年以上保存可能で、調味料として野菜と一緒に炒めたり、スープに入れたりして使用する。また、輪切りにして火で炙っておかずにすると美味しいといい、孔さんがその場で焼いてくれた。しかし、炙った乾豆鼓は、おかずというよりは、酒のつまみのようであった。

芒市での調査翌日、ミャンマー・シャン州国境の町ムセーと接する瑞麗市に移動し、旧市街の徳宏タイの家で昼食をとることになった。その家は、一緒に調査を行った小島敬裕さん（津田塾

写真3　芒市第一総合市場で売られていた粒状の糸引き納豆「豆豉」。2015年7月、雲南省徳宏タイ族ジンポー族自治州芒市

写真4　漢族がつくる半固形状の納豆「乾豆豉」。2015年7月、雲南省徳宏タイ族ジンポー族自治州芒市

写真5　粒状納豆に薬味とハーブを入れて混ぜ合わせる。2015年7月、雲南省徳宏タイ族ジンポー族自治州瑞麗市

大学）の古くからの知り合いの家である。そこでイチジクと思われる植物の葉に包まれた納豆をごちそうになった。日本の小粒大豆ほどの大きさで、糸引きの強いものであった。その納豆に、塩、トウガラシ、ショウガ、そしてネギを入れてかき混ぜて、ご飯にかけて食べるのが徳宏タイの納豆の食べ方らしい（写真5）。彼らは、醤油をかけて食べることもあるという。

モチ米のおかずとなるひき割り状納豆

東南アジアの納豆の形状は、粒状、乾燥センベイ状、ひき割り状が重なり合いながら西から東へと分布している（図1）。粒状の納豆はご飯にかけて食べるおかずとなり、乾燥センベイ状は調味料となる。そして、ひき割り状納豆はおかずとして使われるが、ご飯の上にはかけない。その理由は、ひき割り状納豆をつくるタイ北部、ラオス北部、ベトナム北部のタ

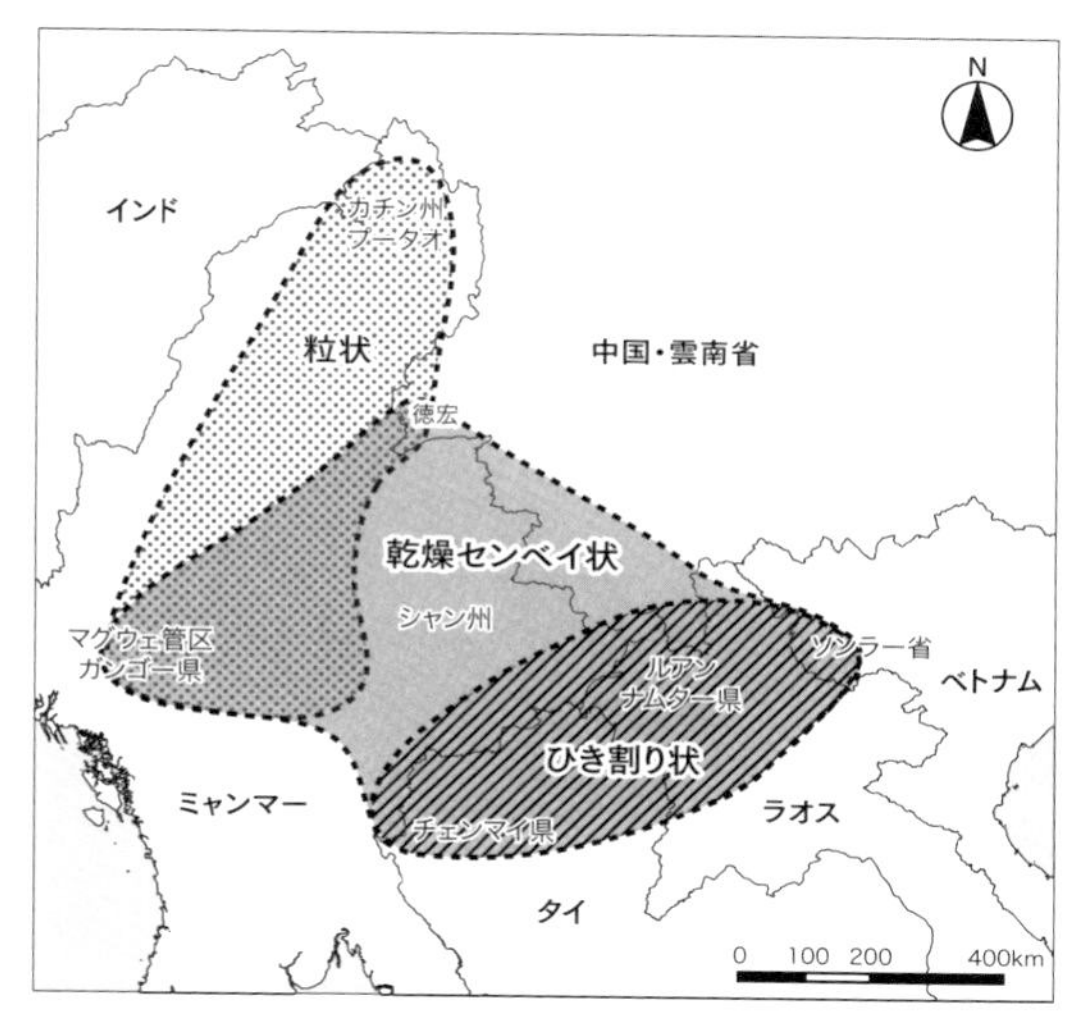

図1　東南アジアの納豆の形状
出典：横山智（2014）『納豆の起源（NHKブックス1223）』NHK出版、289頁を改変

イ系民族は、主食がモチ米だからである。

タイ系民族の主食となっているモチ米の食べ方について説明しておこう。写真6は、ラオス北部でモチ米を主食とするタイ系民族のラーオとモン・クメール系民族のカムの人たちの焼畑耕地での昼食の風景である。各世帯が1品ずつおかずを持ち寄り、モチ米は自分で食べる分を用意する。この時のおかずは、チンゲンサイのスープ、茹でた野ネズミと野草の和え物、茹でた鶏肉、そして手前のドロドロとした食べ物がトマトのディップ・ソースである。ディップ・ソースは、ラオス語では「ジェオ」、タイ語では「ナムプリック」と呼ばれ、モチ米や野菜に付ける調味料として使われる。写真6のジェオは、トウガラシ、塩、味の素、魚醤、ライム、トマト缶などを混ぜて潰し

写真6　ラオス北部での焼畑耕地での食事。2020年2月、ルアンパバーン県

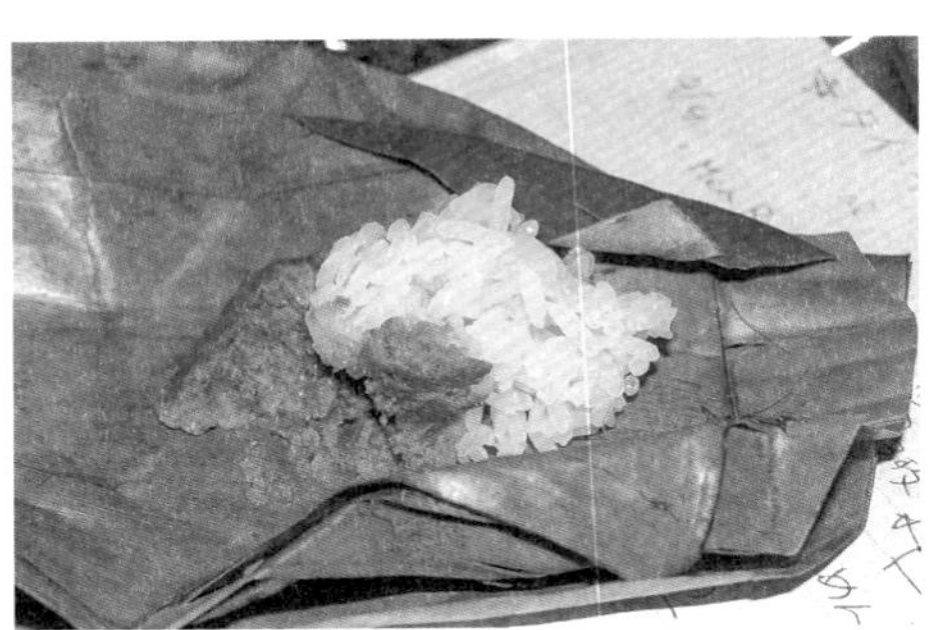

写真7　モチ米と一緒に食べるひき割り状納豆
「トゥア・ナオ・ム」。2009年9月、チェンマイ県

たものである。ジェオには、トマトを使ったもの以外にもさまざまな種類があり、ほぼ必ず食卓に上がり、モチ米を食べる食文化圏では欠かすことのできないおかずである。

モチ米は、直接手で掴んで、形を整えて、おかずに付けたり、浸したりして食べる。したがって、納豆はご飯に付けやすくするためにひき割り状に加工される。タイ北部のチェンマイ、チェンラーイ、メーホンソンのローカルな市場を調査したところ、ほとんどの市場でジェオとして使われるひき割り状納豆の「トゥア・ナオ・ム」が売られていた。[3] チェンマイ県メーテン郡メーマライ市場で売られていたひき割り状納豆は、すでに塩、トウガラシ、ショウガ、玉ネギなどを混ぜて味付けされていた。バナナの葉に包まれて売られているが、それは発酵には使われておらず、包装のために使っている。中を開けて実際にモチ米を付けて食べてみた(写真7)。味が付いているので、何もせずにそのまま食べられる。1包みが5バーツ(当時約15円)と安く、しかも美味しいのでお弁当のおかずとしてよく売れると店の人が話していた。

知られざるベトナム北部の納豆

東南アジアの植物利用に関する共同研究会で一緒に活動していたベトナム研究者の樫永真佐夫さん(国立民族学博物館)に前著『納豆の起源』を送ったところ、「ベトナムだと、タンウエン(ライチャウ省)、ギアロ(イエンバイ省)、ソンラーの黒タイ、白タイは納豆作りますよ」とのメールの返信があり、ベトナム北部の納豆の写真を送っていただいた。やはりタイ系民族の人たちが暮らしているベトナム北部でも納豆がつくられていた。

しかし、私はベトナムで納豆調査をしていなかった。社会主義国のラオスとベトナムは、村に入って調査を行うのが非常に難しい。ラオスの場合、1990年代から農林省や現地の大学の先生らと一緒に調査を行い、所属する大学と現地機関との間で学術交流協定を結んでいるので、問題はない。しかし、私はベトナムの研究機関と密なコネクションを持っていない。しかも、2004年にベトナム北部で調査をした時に、常に公安の職員が同行したため自由に調査ができなかったり、2012年にも中国国境の町ラオカイで撮影した写真をすべて公安にチェックされ、何枚かの写真を消されたりしたので、ベトナムでの調査はやりにくいと感じていた。正直に言うと、私はベトナム調査を避けていたのである。

ところが、2015年10月にベトナム政府国費留学生としてベトナム人の大学院生が私のところに来ることになった。その大学院生の研究対象地域は、黒タイが人口の多くを占めるソンラー省イエンチャウ県で、樫永さんから納豆がつくられていると教えてもらった地域であった。もしかして、納豆の調査ができるかもしれないと思い、2016年3月、大学院生が実施するトウモロコシ栽培の調査に同行した。調査は、大学院生のホン・ノックさん、大学の同僚である富田晋介さん、それに県の農林事務所職員2名で実施した。

ソンラー省イエンチャウ県での調査2日目、チェン・パン社タン村で納豆をつくる世帯を見つ

写真8　カムのダオさんがつくる納豆「トゥア・ナオ」の発酵。2016年3月、ソンラー省イエンチャウ県

けた。納豆をつくっていたのは、タイ系民族の黒タイではなく、モン・クメール系民族カムのダオさん（56歳）であった。この地の納豆は、タイやラオスと同じく「トゥア・ナオ」と呼ばれていた。カムの人たちが使う言語では「ジュルム・ウ」と呼ぶ。ジュルムが豆、ウが臭い匂いのことを意味するとのことであるが、カムの人たちも普段は「トゥア・ナオ」と呼んでいる。村長は、元々は黒タイの人々がつくっていた納豆をカムの人たちもつくるようになったのだと言う。彼女は、茹でた大豆をバナナの葉で包んで3日間発酵させていた（写真8）。その後、木臼で納豆を潰してから、少量をバナナの葉で包み直し、それを暖かい囲炉裏の上にさらに一晩置く。

その日の夕方、市場で納豆を売っていた黒タイの女性が住むヴィエン・ラン社のコーヴァン村に出かけることになった。納豆生産者はヴァンさん（58歳）である。家に行くと、バナナの葉ではなくプラスチック・バックを使って大豆を発酵させていた。母の時代はバナナを使っていたが、

15歳の時（1973年頃）に自分が納豆をつくるようになってからはプラスチック・バックを使っている。プラスチック・バックに包んだ大豆は、気温が高い季節は2日間、寒い季節は3日間、日の当たる場所で放っておくが、夜は屋内に入れて毛布に包んでおく。発酵が終わった後の納豆は、木臼で潰してから、少量をバナナの葉に包み直す（写真9）。そして、バナナに包んだ納豆を1時間ぐらい蒸して市場に持って行き、1包5、000ドン（約25円）で売っている。

調査最終日、私たちの調査に同行した農林事務所職員が住むイエンチャウ県ヴィエン・ラン社フエイヘー村で納豆をつくって市場で売っている黒タイのヴィエンさん（64歳）の家を訪ねた。発酵し終わった納豆を潰すところだったので、その作業を見せてもらった。納豆はプラスチック・バックに入っており、昔から植物の葉を使っておらず、母の時代はプラスチック製ではなく綿のバックを使っていたらしい。発酵日数は2日間で、寒い時は3日間である。発酵終了後は、ひき肉用の手動ミンチ機で納豆を潰し（写真10）、潰した納豆は10センチメートルぐらいのおにぎり大に丸めてフリニウムの葉に包む。以前は木臼を使って潰していたが、2011年から手動ミンチ機を使い始めた。葉に包んだ納豆を1時間ほど蒸し、市場では1包5、000ドンで販売する。

ソンラー省イエンチャウ県では3世帯から納豆のつくり方を聞き取ったが、最初のカムのダオさんだけが納豆を蒸さない方法で、黒タイのヴァンさんとヴィエンさんは、最後に蒸す方法を採用していた。できあがった納豆は、3世帯ともまったく糸引きがない。その食べ方は、納豆に塩、トウガラシ、山椒、ショウガ、ニンニク、そしてレモングラスやコリアンダーなどの各種ハーブを入れて、食べる前に納豆を軽く火で炙り、モチ米をつけて食べる。タイ・チェンマイ県の市場で売られていたひき割り状納豆と同じ食べ方である。モチ米を主食とするベトナム、タイ、ラオ

写真9　納豆を潰してバナナの葉に包む黒タイのヴァンさん。2016年3月、ソンラー省イエンチャウ県

写真10　ひき肉用の手動ミンチ機で納豆を潰す黒タイのヴィエンさん。2016年3月、ソンラー省イエンチャウ県

スのタイ系民族の人々の納豆は、モチ米をディップするジェオとして糸引きがないひき割り状納豆を用いる点で共通している。

余談になるが、2016年3月の調査では、最終日にとんでもないサプライズが待ち受けていた。調査終了後に、我々は県の公安事務所に連れて行かれたのである。そして、私たちの調査に同行した農林事務所スタッフ2名のうち1名が農林事務所職員ではなく公安の職員であったことが明かされた。一緒に調査をしていた大学院生のホン・ノックさんもまったく気付いていなかった。私と富田さんは、調査の途中で、同行したスタッフの1名があまり農業の専門知識がないので、なぜこの調査に同行したのか不思議に感じていた。結局、その方が公安の職員であった。調査では、極力政治的な内容に触れないようにしたが、ベトナムでの調査は注意しなければならないと改めて思い知らされたのである。

ラオスでピーナッツ納豆発見

2019年9月、ラオス北部のルアンパバーンで科研費*の研究プロジェクトの調査を実施した。プロジェクトは、電気も引かれていないラオスの遠隔地で人口変動と生業変化の関係を解明する研究である。この時は、遠隔地のプロジェクト・サイトに行く前に、国立農林業研究所の研究員と共に、ルアンパバーンの市街地近郊で焼畑を実施している村を数カ所訪れて、焼畑で栽培されている作物をリストアップする調査を予定していた。

調査には、以前から交流があった在来豆を中心に扱う「べにや長谷川商店」の長谷川清美さん、そして北海道新聞社バンコク支局長の森奈津子さんが同行した。長谷川さんは、ラオスの焼畑でつくられている豆を調べ、それがどのように調理されているのかを記録するためにラオスに来られた。そして、森さんは北海道新聞の「新北海道ひと紀行」という企画で私を取材するために同行した。[**]

私たちは、ルアンパバーン市街地近郊の村を2日間で2カ所回り、3日目に私は科研費のプロジェクト・サイトに移動した。森さんは2日目の夕方の便でバンコクに戻ったが、長谷川さんは3日目以降もラオス北部の村を訪問することを希望したので、彼女の調査に国立農林業研究所のカムプーさんに同行してもらうことになった。名古屋大学で博士を取得したカムプーさんは、ルアンパバーン出身で私の教え子である。彼には、生家で伝統的な料理をつくってもらい、さらにラオスの納豆「トゥア・ナオ」をつくっている村に案内するように告げておいた。

調査終了後にカムプーさんに連絡を取ると、納豆をつくっている村に長谷川さんを案内したところ、ピーナッツ納豆を見つけたと言う。その後、長谷川さんからもピーナッツで納豆をつくっ

*——独立行政法人日本学術振興会による競争的研究資金。

**——北海道新聞朝刊2019年10月5日、13頁。

ている世帯を見つけたというメールをいただいた。以前よりカムプーさんから「昔はピーナッツで納豆をつくっていたが、もうつくっていない」と聞いていたが、今でもピーナッツで納豆をつくり続けている村があったのだ。次にラオスを訪れる機会に、ピーナッツ納豆の現場を訪問することにした。

ピーナッツ納豆は幻か

ピーナッツでつくる納豆については、岩田慶治によって次のように記されている。

> メーコン村人がトゥーア・ナウ・チャップ（Toua Nau Chap）という豆せんべいをつくって売りにゆく。これは大豆とピーナッツでつくる。先ず豆をゆで、三日間そのままおき、臼でついてから円く形をととのえ、日乾ないし火で乾かすとできあがる。食用にはこれを再び粉砕、トウガラシ粉を加えて油いためし、飯につけて食べる。一種の貯蔵食糧である。[†4]

論文では、メーコン村はタイ北部のタイ・ヤーイの村としか書かれていないので、詳しい位置まではわからない。管見の限り、ピーナッツで納豆をつくることが記録されているのは、

１９６３年に発表されたこの論文だけである。それがラオスでは、いまだにつくられていた。

２０１９年12月にピーナッツ納豆をつくるタイ・ルーの村であるルアンパバーン県パーク・ウー郡パークチェーク村を訪れた。この地域のタイ・ルーは、祖父母の時代に中国とラオスの国境にあるルアンナムター県ムアン・シン地区から移住してきた。ムアン・シン地区のタイ・ルーも祖父母の時代に中国雲南省から移住してきたとされているので、[†5] おそらく１９００年前後に中国雲南省からムアン・シンを経由してこの地にたどり着いた人々であろう。

9月に長谷川さんがピーナッツ納豆を見たという家に行くと、ワンさん（72歳）が出迎えてくれた。しかし、ピーナッツ納豆はなかった。9月の時は、偶然ピーナッツ納豆をつくっていただけで、依頼がなければつくらないと言われた。ピーナッツは商品作物として生産しており、収穫後は売ってしまうので、納豆をつくるために回す分はほとんどないらしい。昔はピーナッツ納豆を年中つくっていて、なくなればまたつくり足し、常にピーナッツ納豆を食べていたと言う。この辺りでは、大豆は栽培しておらず、ワンさんは大豆で納豆をつくったことがない。大豆でつくった納豆を食べたことがあるが、油分が少ないので美味しくなかったと述べる。

ピーナッツ納豆は、かつては竹カゴの内側にバナナの葉もしくはフリニウムを敷いて、茹でたピーナッツを発酵させていたが、現在はプラスチック・バックを使って発酵させている。発酵後は、乾燥させてセンベイ状に加工し、モチ米と一緒に食べると言うが、実物が無いので、どんな納豆なのか想像することすらできない。ピーナッツ納豆は、20年以上もラオスで研究をしている私でも出会うことができない幻の納豆なのだろうか。

絶品ピーナッツ納豆

ピーナッツ納豆を食べてみたい。どうしても諦めきれなかった私は、国立農林業研究所の職員に頼んで、パークチェーク村近郊でピーナッツ納豆をつくっている世帯を探してもらうことにした。すると、隣村のラッタヘーにピーナッツ納豆をつくっている世帯があるという連絡がきた。2020年2月末のラオス北部調査の予定に合わせて、事前にピーナッツ納豆を用意してもらうことにした。本来ならば、ピーナッツを茹でるところから加工するまでの一連のプロセスを記録したかったのだが、そのためには村に1週間滞在しなければならないので諦めざるを得なかった。その幻のピーナッツ納豆が写真11である。

ピーナッツ納豆の生産者は、夫のチャーイさん(73歳)と妻のオーンさん(70歳)で、2人ともこの地区で生まれ育ったタイ・ルーである。つくり方は、まず乾燥させた落花生の殻から豆を取り出し、皮を取らずに1時間ほど水に浸ける。そして、ピーナッツが柔らかくなるまで約2〜3時間茹でて、その後に肥料袋のような通気性の良いプラスチック・バックに入れる。昔はバナナの葉にピーナッツを包んで発酵させていたが、2000年代に入ってからプラスチック・バックを使い始めた。基本的には3晩発酵させるが、寒い時は1日延ばして4晩発酵させる。発酵後は、

写真11　ラオスのタイ・ルーがつくるピーナッツ納豆。2020年2月、ルアンパバーン県

トウガラシ、塩、味の素、ニンニク、もしあればショウガやガランガル（カー）を入れて、石臼で叩いて潰して、手で形を整えてから3〜4日間ほど天日で干す。

食べる時は、火で炙るか油で揚げて、ご飯のおかずとして食べる。食べてみたいと言うと、オーンさんが、ピーナッツ納豆を火で炙ってくれた。炙ったピーナッツ納豆は、ほとんど発酵臭がなく、大豆でつくった納豆にはない香ばしさがあった。モチ米との相性は抜群で、これをおかずにすると、ついモチ米を食べ過ぎてしまう。そのままで、おやつにもなりそうだし、お酒のつまみにもなる。しかし、大豆でつくる乾燥センベイ状のトゥア・ナオとピーナッツ納豆は別物である。大豆でつくった納豆は長期保存可能な調味料であるが、ピーナッツ納豆は調味料として使われない。

私は、ラッタヘー村でつくってもらったピーナッツ納豆を全て買い取って、その後に訪れた研究プロジェクト・サイトに持ち込んだ。いつも世話になっている調

写真12　ダム湖に水没した村の寺院。2020年2月、ルアンパバーン県

査地の家で、そのピーナッツ納豆を油で揚げてもらった。カリカリに揚げられた納豆は「うま味が詰まったピーナッツ煎餅」のようだった。研究プロジェクト・サイトの住民も大豆でつくった納豆は食べたことがあるが、ピーナッツでつくった納豆は食べたことがないと言う。ピーナッツ納豆は、ラオス北部ルアンパバーン県の一部地域だけでつくられているきわめてローカルな納豆であった。

しかし、この納豆が今後も次世代に継承されていくのか不安である。ピーナッツ納豆がつくられていた地域は、中国が２０２０年から操業を開始した「ウー川第一ダム」によって村が水没してしまった（写真12）。ダム湖で水没した地区の住民の多くは、政府が新しく建設した高台の村に集団移住した。その新村がチャーイさんらの住むラッタへー村である。移住した地域に住む多くの住民は、伝統的な生業の継続が困難になっている。ピーナッツを生産していた耕地へのアクセスにも大きな影響が出ており、このような状況では、廃れかけているピーナッツ納豆は、あと何年か経つと消滅する幻の納豆になってしまいそうだ。ピーナッツ納豆を何とかして維持して欲しいと願う。

05

日本の発酵大豆とご飯にかける納豆

アジア納豆が調味料だと言われても、ご飯と一緒に食べる納豆しか知らない日本人には理解してもらえないことが多い。日本には醤油や味噌などの伝統的な調味料が普及しており、納豆を調味料として使う食文化はない。しかし、味噌や醤油だけでなく、納豆も大豆を発酵させることによってグルタミン酸のうま味成分が多く生成される。だとすれば、アジア納豆と同じく、日本納豆も調味料として使われても不思議ではない。なぜ日本納豆はもっぱらおかずとして利用されるようになったのであろうか。日本の発酵大豆の歴史を追ってみた。

古代の発酵大豆

発酵大豆が文献に登場するのは、奈良時代以降である。奈良時代の食生活を正倉院文書の分析から明らかにした関根真隆によると、当時は調味料として、塩、醤、未醤、豉、酢、甘味料（糖・甘葛煎）*、香辛料（芥子、ショウガ、山椒、ミョウガ、ワサビなど）、油類、そのほか（堅魚煎汁**、楡の皮）が使われていたとされる。[†1]

これらのうち、醤、未醤、豉が発酵大豆の調味料である。醤は、蒸煮した大豆に炒った小麦を混ぜてコウジカビ（*Aspergillus oryzae*）を付けて麹をつくり、塩と水を加えたものである。すでに奈良時代には、液状のものを醤、固形のものを未醤と分けて呼ばれており、醤から現在の醤油、未醤から現在の味噌が生まれた。豉は、中国から入ってきたもので、中国では豆豉と呼ばれており、醤や未醤と同じくコウジカビで発酵させる。後に塩辛納豆と称されるようになったが、糸引き納豆は枯草菌で大豆を発酵させるので、同じく納豆と呼ばれていても、両者はまったく違う発酵大豆である。当時の豉の価格は未醤の約1・5〜3倍と高価であり、豉は特別な調味料とされた。[†2]

*――ブドウ科のツタの樹液を採取し煮詰めた甘味料。
**――鰹の煮干しをつくる際に出てくる煮出し汁を煮詰めた出汁。

『万葉集』（奈良時代末期）に醤に関する次の和歌が収められている。

醤酢に蒜搗き合てて鯛願ふ　吾にな見えそ水葱の羹

長意吉麻呂（万葉集第16巻３８２９）

奈良時代の食文化を詠った和歌として有名なので、知っている方も多いだろう。醤酢は、醤と酢を混ぜた調味料、蒜はノビル（*Allium macrostemon*）でニラのような香りがする野草、水葱はミズアオイ（*Monochoria korsakowii*）と呼ばれる水田などに生える野草である。[†3]長意吉麻呂は「醤と酢にノビルを和えた調味料で鯛を食べたいのに、ミズアオイの吸い物か……」と嘆いているのである。当時、醤の調味料を使った鯛はとても贅沢な食べ物であったと思われる。

奈良時代の宮中と政府の仕組みが定められた「大宝律令」（７０１年）において、宮中の饗膳を扱う機関「大膳職」が設けられ、その職員として「主醤」と呼ばれる官人が、調味料として重宝されていた豉や醤などの発酵大豆をつくっていた。[†4]要するに、奈良時代では、公務員が調味料をつくっていたのである。

平安時代になると「主醤」は廃止されが、独立した機関である「醤院」で「醤院勾当」と呼ばれる職員が発酵大豆の調味料を製造・管理していた。今でいえば、独立行政法人のような機関である。平安時代中期の律令の施行細則である『延喜式』によると、年間で醤が１５０石、添醤が

65石つくられており、「醤院」では、かなり大規模に発酵大豆の調味料を生産していたことが明らかになっている。[†5]

では、それら発酵大豆の調味料は、どのように使われたのだろうか。図1に、『類聚雑要抄』に記録されている1116年（永久4）の藤原忠通の大臣大饗の献立を示す。大饗とは、平安時代に宮中や大臣の家で行われた大規模な饗宴のことである。食卓には赤木の台盤を用い、食器はすべて銀製で、料理の内容は相手によって異なっていた。[†6] 図1の献立は、皇族の正客である尊者、三位以上の高い地位にある陪席の公卿、身分は高くないが重要な政務に携わる少納言・弁官、そして主人の4つのランクに分けられている。食べ方は、各皿の料理を調味料で自らの好みで味付けするだけである。調味料は、正客には「四種器」と呼ばれる塩・酢・酒・醤の4種類が膳の上に置かれ、次のランクの公卿には、塩・酢・醤の3種類、そして少納言・弁官と主人の膳には塩・酢の2種類が用意されている。料理の種類だけでなく、調味料の種類にも違いが見られる点に関して、菊地勇次郎は「もっとも略されても、塩と酢だけが残されたのは、この2つの調味料が、基本の味で、欠かせなかったからである。とすれば、酒と醤は、それ以上の味ということ」と述べる。[†7]

これらの記録から、古代ではすでに醤油と味噌の原型である醤と未醤、そして中国から入ってきた豉が調味料として貴族の食事に根付いていたことがわかるが、発酵大豆の調味料である醤は高級品であり、庶民にまで行き届いておらず、おそらく、庶民が使っていた調味料は、塩と酢

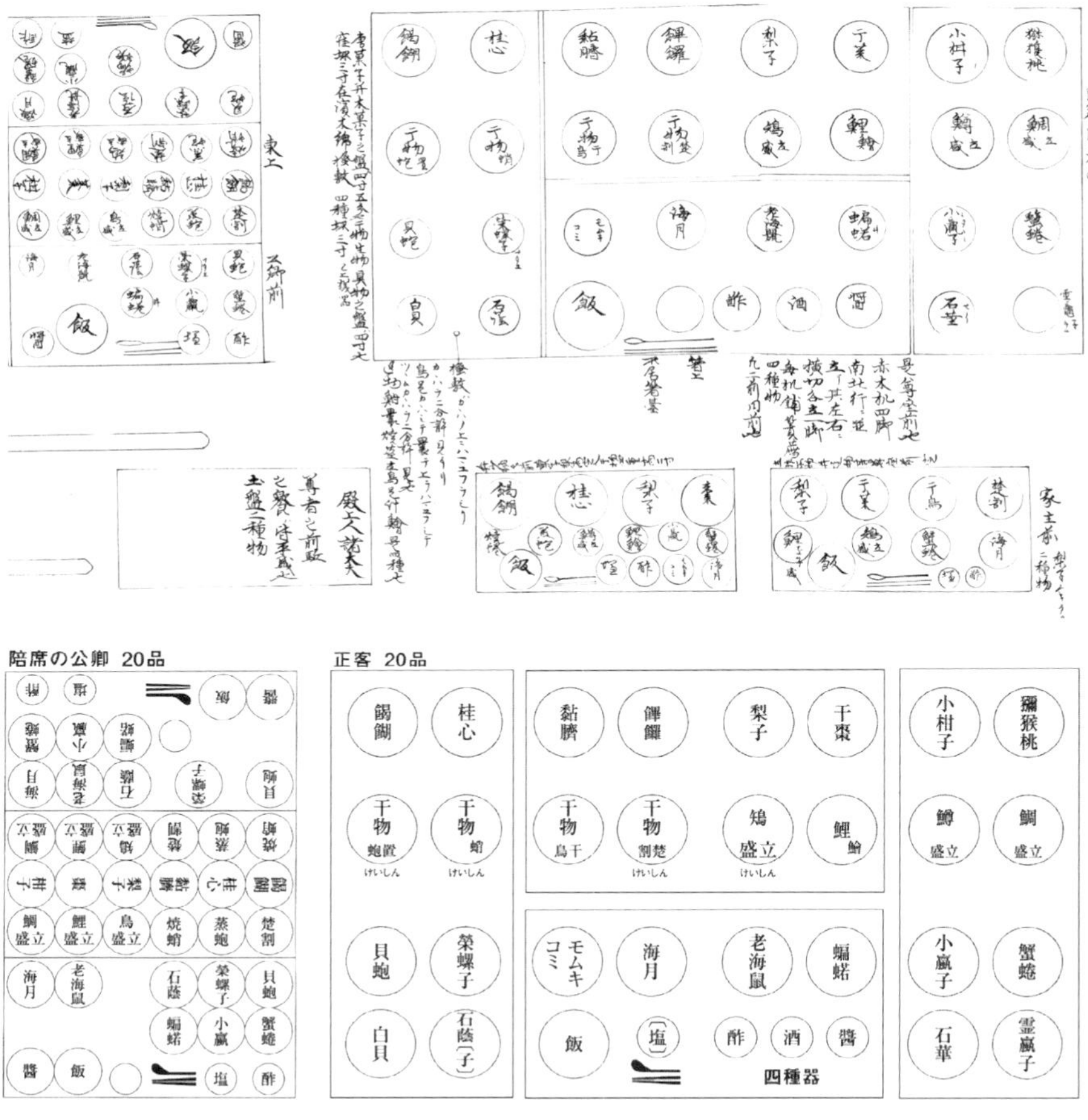
陪席の公卿 20品
正客 20品
四種器

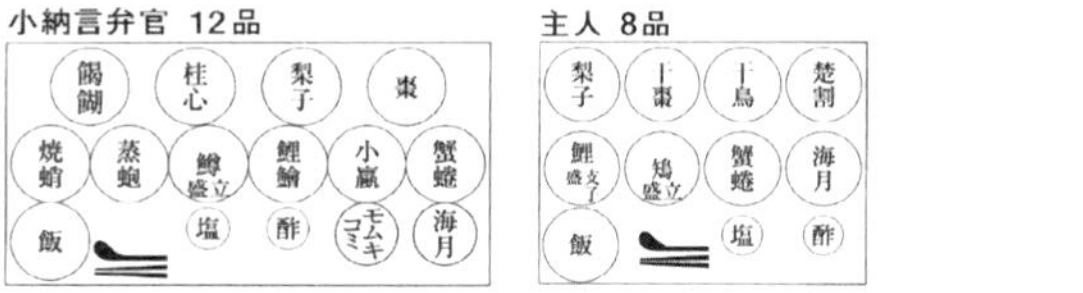
小納言弁官 12品
主人 8品

図1 藤原忠通の大臣大饗の献立。図中の実線は、膳1脚を示す

出典：『類聚雑要抄』国立国会図書館デジタルコレクション、および原田信男(2005)『和食と日本文化─日本料理の社会史』小学館、68頁を一部改変

だったと考えられる。

「納豆」の語が登場する最古の文献は、平安時代後期の『新猿楽記』（1058～1065年頃）である。猿楽見物にやってきた下級貴族一家について描かれた作品で、その家族の中で食欲旺盛で酒好きとされる7番目の娘の好物リストに納豆の語が見られる。原文は次の通りである。

精進物者腐水葱香疾大根春塩辛納豆油濃茹物面穢松茸…（傍線は筆者追記）

野菜や穀物を使った精進物の料理が列挙されているが、やっかいなのは、漢文から現代文に改める際に校注者によって区切る位置が異なる点である。これまでに、傍線部の納豆を「辛納豆」、「塩辛納豆」、「春塩辛納豆」とする3つの解釈が提示されている。[†8] それぞれ異なる納豆であるが、筆者が支持するのは、黒羽清隆による解釈で、右の漢文を「腐水葱」*、「香疾大根春」**、「塩辛納豆」、「油濃茹物」、「面穢松茸」に区切るものである。[†9] このように区切ると、7番目の娘は、調味料である塩辛納豆（豉）を食べていたことになり、食欲旺盛かつ悪食の傾向を表すことができる。したがって、『新猿楽記』の納豆は糸引き納豆ではなく、豉だと思われる。すなわち、奈良時代

*——前出のミズアオイを煮たもの。

**——短冊状にした大根の蒲焼。

と平安時代までの史料からは、糸引き納豆の存在は明らかになっていない。

中世の発酵大豆

中世以降になると各種の史料から納豆の語が見られるようになる。最初に紹介するのは『庭訓往来』である。成立年代は不明だが、南北朝時代後期から室町時代前期あたりとされ、『日本の食文化史年表』には１３７０年頃と記されている。[†10]『庭訓往来』は、12カ月の往復書簡25通の手紙の形式をとって作成された初等教育用の教科書で、納豆は10月の精進料理として、茹でナス、キュウリの甘漬け、煎り豆などと一緒に現れる。[†11] しかし、料理名が羅列されているだけで、これが塩辛納豆なのか、糸引き納豆なのかは判断できない。そのほか、公家の山科教言の日記『教言卿記』を読み解いた吉田元によると、１４０５（応永12）年12月19日に「糸引大豆」の語が出てくるというが、塩辛納豆と比べるとはるかに少ないようだ。[†12] また、奈良の興福寺・塔頭多聞院において、3代の僧が室町時代中期から江戸時代初期まで書き継いだ『多聞院日記』（１４７８～１６１８年）にも醤、味噌、納豆の発酵大豆が出てくる。[†13] しかし、この納豆は、麹をつくって塩を混ぜると書かれているので、寺でつくっていたのは糸引き納豆ではなく塩辛納豆であろう。

ほかにも、室町時代の大草流庖丁道の料理書である『大草家料理書』（年代不明）には、明らかに糸引き納豆と思われる納豆汁のつくり方が記録されている。

一　なつとう汁の事。とうふいかにもこまかに切て。くきなどもこまかに切て。ふくさ味噌にて能々立て。すひくちを入候也。但くきは出し様に入て吉也。なつとうのはしやうは如ㇾ常ねせて吉也。[†14]
（傍線は筆者追記）

『大草家料理書』は、食物史の基本文献である『日本食物史』にも紹介されているが、筆者の桜井秀と足立勇は「なつとう」は糸引き納豆、そして「くき」は豉（塩辛納豆）であるとし、「説明中に見える豉は新撰字鏡*にみえてゐるから古くからあつたが、納豆は鎌倉時代より起つたものである」と述べる。[†15] 室町時代の史料に「なつとう」（納豆）が登場するので、それ以前の鎌倉時代に納豆は生まれていたと考えたようだ。しかし、管見の限り鎌倉時代の史料に糸引き納豆と思われる記述を見つけることはできなかった。また、「くき」を豉と解釈する点に関しても疑問が残る。「くきなどもこまかに切て」と書かれているが、発酵大豆の豉を細かく切るのはおかしい。だとしたら、この「くき」は菜っ葉の茎ではなかろうか。しかし、その後に出汁として入れてよいと解釈できる「但くきは出し様に入て吉也」の文言が続いており、「くき」は豉の可能性も捨てきれない。「くき」の解釈が非常に難しい。ただし、「なつとう」は糸引き納豆であり、それを納豆

*――平安時代に僧侶の昌住が編纂したとされる日本最古の漢和辞典。

汁として食べていたことは間違いない。

納豆は上流社会の人々に食べられていたようで、室町時代の宮中の女房言葉*を記した『大上﨟御名之事』(年代不明)には、「くき」は「くもじ」、「まめなつとう」は「いと」と書かれている。[16]「くき」は豉で、「まめなつとう」は糸引き納豆のことであり、この2つの発酵大豆が分けて記されていることが注目される。女房言葉で「いと」と呼ばれる「まめなつとう」は、糸が引く納豆なので、いと(糸)と称していたのであろう。

室町時代中期に入ると、糸引き納豆が精進料理の中で重要な食べ物として位置付けられていることを示す史料が登場する。それが『精進魚類物語』である。この作品は、1495年(明応4)以前の成立とされるが、書かれた年代と作者はいまだに不明である。[17] 内容は、擬人化された「納豆太郎」を大将とする精進物と「鮭大介」を大将とする魚鳥物との合戦を描いたパロディーである。なお、写本によって大将の名前が異なっており、広島大学蔵福尾文庫の写本では、納豆太郎が「納豆太郎種成」で鮭大助が「鮭大助長ヒレ」[18]、『群書類従』では納豆太郎が「納豆太郎糸重」で鮭大助が「鮭の大介鰭長」とされている。[19]

納豆太郎率いる精進物が勝利を収めるのだが、鮭の反乱を聞いた時の納豆太郎の状況が次のように描かれている。

折ふし、納豆太　藁の中にひるねして有けるが、ね所みくるしとや思ひけん、涎垂なが

らかばとおき、仰天してぞ対面する[20]

納豆太郎がワラの中で昼寝をしていたというのは、ワラ苞の中で発酵させていたことを意味し、そして涎(よだれ)は納豆の糸のことをうかがわせる表現である。[21]『精進魚類物語』の納豆とは、塩辛納豆ではなく、糸引き納豆であることを示す貴重な史料である。なお、室町後半から江戸後期までの間には、鳥、虫、魚類、植物を擬人化し、それらの争いを描く「異類物」の庶民文芸が数多く出版されており、江戸時代に入ってからは、『精進魚類物語』を子供向けに書き直した『うおがせん弁(そして)しやうじんもの』が出版されている。[22]

室町時代の各種史料から、確実に室町時代には糸引き納豆が存在し、公家や武家のような上流階級はそれを食べていたことがわかる。稲ワラで発酵させた糸引き納豆は、少なくとも約500年前の室町時代中期までさかのぼることができる。ただし、庶民が納豆を食べていたのかどうかはわからない。また、納豆は汁に入れて食べており、ご飯のおかずではなく、調味料的な利用であったこともうかがえる。

*——室町時代初期に宮中に仕える女官たちの間で使われ始めた隠語表現。

近世の発酵大豆

近世以降は、料理本、風俗や事物の百科事典など、さまざまな書物に糸引き納豆に関する記録が残されるようになる。その中から、糸引き納豆のつくり方と食べ方に関する興味深い文献をいくつか取り上げてみたい。

前述の『うおがせん并しやうじんもの』は、『軍舞』という袋とじの絵本に納められた3話のうちの1話で、江戸時代前期の1668年（寛文8）2月に印刷された「異類物」の庶民文芸である。[†23] ストーリーは『精進魚類物語』と似ており、魚類と精進物の合戦である。子供向けの絵本なので、図2のような挿絵が入り、右側には馬に乗っている大将「さけの将くん」（鮭）、「よとこい太郎」（鯉）、「ふなのけんこ」（鮒）、「たこノ入道」（蛸）、「たいノあか介」（鯛）、「すゞき三郎」（スズキ）の魚類が描かれ、左側には馬に乗っている大将「なつとう」（納豆）、「大こん」（大根）、「はぢかみ」（ショウガ）、「なすび」、「かふら」（カブ）、「うり」の精進物が描かれている。大将「なつとう」の頭にはワラ苞が乗っており、当時の納豆がワラで包んでつくられていたことが、この挿絵からわかる。気になったのは、原文で大将「なつとう」が紹介される部分に「しやうしんがたの大しやうには、はまなのしやうぐんなつとうどの（精進方の大将には、浜名の将軍納豆殿）」と記されていたことである。[†24] 浜名の納豆といえば、浜納豆として有名な塩辛納豆である。コウジカビ

図2 『うおがせん并しやうじんもの』における魚類と精進物の合戦
出典：岡本勝（1982）『初期上方子供絵本集（貴重古典籍叢刊13）』角川書店、101頁

で発酵された塩辛納豆は、挿絵に描かれたワラ苞でつくられた枯草菌で発酵させた糸引き納豆ではない。

江戸時代中期には、大坂の医師である寺島良安によって編まれた百科事典『和漢三才図会』（1713年）に「納豆」の項目があり、「浜名納豆」（浜納豆）、「唐納豆」、そして「未噌納豆」の3種類の納豆について説明されている。糸引き納豆と思われる納豆は「未噌納豆」と称され、次のように記されている。

> 大豆を煮熟し麹室（こうじむろ）にねかすと、粘って糸を引く。これを藁苞につつんで収蔵する。食べるときはこれを取り出して叩き刻み、蕪菁（かぶら）の葉と豆腐を加え、汁に煮て辛子をつける。大へん甘美である。[†25]

これは、現在の納豆汁と同じもので、江戸時代中期も室町時代から変わらず、納豆の利用方法は調味料的

図3　京都で売られている「叩き納豆」
出典：朝倉治彦校注（1990）『人倫訓蒙図彙（東洋文庫519）』平凡社、166頁

であったことがわかる。納豆汁は、叩いて平たくした納豆に、細かく刻んだ青菜と豆腐が添えられたもので、「叩（たた）き納豆」と称され、江戸でも京坂でも人気があったようだ（図3）。しかし、前頁の記述で大豆を麹室にねかすと書かれている点が気になる。麹室とは、コウジカビを生育させるために使われる温室で、そこで納豆をつくるとは考えられない。麹づくりにとって枯草菌は大敵なので、麹室で納豆がつくられていたというのは間違いであり、寺島良安は現場を見てこれを記したのか疑問が残る。『うおがせん弁しやうじんもの』でも、麹でつくる浜納豆と枯草菌でつくる糸引き納豆が混同されており、『和漢三才図会』でも麹で納豆をつくるような記述がなされている。「未噌納豆」という名称も、麹でつくる味噌と混同しているように思える。これらの史料だけでは判断できないが、江戸時代前期までは、納豆生産者以外は発酵させる菌の相違に関する知識はほとんど持っていなかったのではなかろうか。

江戸時代中期には、汁に入れる糸引き納豆に対して偏見を持つ者もいたようで、『大和本草』（1709年）の「巻之四　穀類、造醸類」に記されている「豉」の項目には、納豆について次のように記されている。

> 俗ニ納豆ト云カラ納豆濱名納豆アリ南都及京都ノ僧尼多造レ之其造法頗似二綱目ノ所ニレ載◯豆豉ハ日本ノ納豆也中華ノ法居家必用其他ノ書ニモ載タリ　別ニ一種俗ニ納豆ト云物アリ大豆ヲ煮熱シ包テカビ出クサリテネハリ出来イトヲヒク世人コレヲタヽキ為レ羹ト多ク食レ之敗壊ノ物性悪シ気ヲフサキ脾胃ヲ妨ク不レ可レ食凡如レ此陳腐ノ物不レ可レ食[†26]

前半には中国から伝えられた唐納豆や浜納豆のような豉についての説明があり、後半には別に納豆というものがあると書かれている。腐って、粘って、糸を引く納豆は、庶民である「世人」が細かく刻んで汁（羹（あつもの））にすると記している。しかし、お腹を壊すから食べてはいけないと警告するのだ。編者の貝原益軒は、江戸時代の著名な儒学者、博物学者である。『和漢三才図会』のように、麹でつくる浜納豆と枯草菌でつくる糸引き納豆を混同していない。しかし、発酵と腐敗の線引きがきわめて曖昧である。『大和本草』が書かれた当時の江戸では、叩き納豆として汁に入れる糸引き納豆が売られていたので、菌のことはわかっていなくとも腐敗していないことは誰でも理解できたであろう。にもかかわらず、糸引き納豆は腐っているものだから食べてはいけないと書かれている。貝原益軒は単に納豆が嫌いだったのかもしれない。

江戸時代中期には庶民に広く食べられていた叩き納豆であるが、末期になると、その人気にかげりが出始める。随筆『世のすがた』（筆者不明）の一文を紹介しよう。

文政の頃まではたゝき納豆とて三角に切、豆腐菜まで細に切て直に煮立るばかりに作り、薬味まで取揃へ、壱人前八文ツゝに売りしが、天保に至りてはたゝき納豆追々やみて粒納豆計を売来る[†27]

文政（1818〜31年）の頃までは、叩いた納豆に豆腐や青菜を細かく切って、薬味を添えたものが一人前8文で売られていたが、天保（1831〜45年）になると叩き納豆は徐々になくなり、粒納豆ばかりが量り売りされるようになったと書かれている。

そして、『世のすがた』と同時期の1837年（天保8）から書き始められた風俗や事物の百科事典の『守貞謾稿（もりさだまんこう）』には、納豆について次のように記されている。

大豆を煮て室（むろ）に一夜してこれを売る。昔は冬のみ、近年夏もこれを売り巡る。汁に煮あるひは醤油をかけてこれを食す。京坂には自製するのみ。店売りもこれなきか。けだし寺納豆とは異なるなり。寺納豆は味噌の属なり。[†28]

江戸時代後期には、かつて冬の食べ物であった糸引き納豆が夏にも売られるようになり、また醤油を糸引き納豆にかける食べ方が登場した。現在の納豆の食べ方が、江戸時代後期から始まったことがわかる貴重な史料である。そして、寺納豆（塩辛納豆）は味噌と同じ種類であると書かれ、納豆とは違うものであることが強調されている。また、関西にも糸引き納豆はあったが、それは売られてはいなかったようだ。叩き納豆のような食べ方は、『和漢三才図会』で記されていたように関西でも人気があったのに、粒状の糸引き納豆になると関西ではあまり売られなくなったのであろうか。

この時期の関西の納豆利用に関しては料理本『年中番菜録』（1849年）の記述が参考になる。『年中番菜録』の序論には、大阪の料理人が民家で作られている料理を集めたもので、特別な料理は一切紹介していないと前置きされている。納豆汁は、おかず（番菜）目録の「四季青物之部」に掲載され、次のような説明がなされている。

納豆汁　風雅なるものなれどもきらひ多きものゆへこゝろへあるべし　常のみそ汁にとうふを細くきりて柚からし入たるを納豆もときといふ　寺方にてする事なり[†29]

納豆汁は「嫌いな人も多い」と書かれているが、「寺方にてする事なり」という記述にあるように、関西でも僧侶や寺に関係のある人々は普通に納豆汁を食べていたようだ。

調味料になれずにおかずになった日本納豆

古代から近代までの史料を読み解くと、奈良時代から室町時代にかけて利用されていた発酵大豆は、醬、未醬、豉（塩辛納豆）であった。それらの発酵大豆は、奈良時代から平安時代にかけては高級品で、貴族の饗宴の調味料として使われていた。庶民が発酵大豆の調味料を使うようになったのは、おそらく室町時代以降である。まず室町時代に未醬から生まれた味噌が普及し始めた。[†30] そして、醬から発展した醬油は江戸時代前期になって普及し始めた。[†31] かつては高級な調味料であった豉は、一部の寺で生産されるだけとなり、現在はほとんど利用されていない。

アジア納豆は調味料として利用されているのに、日本では納豆が調味料の地位を確立することができなかった。その理由は、すでに奈良時代に麹をつくる技術が確立され、その麹を使って発酵させた醬、未醬、豉などが調味料としての地位を得ていたからであろう。枯草菌で発酵させた納豆が文献に現れるのは、コウジカビでつくられた発酵大豆からかなり遅れ、室町時代頃である。[*] 奈良時代にはすでに貴族から愛される調味料となっていた醬に、後発の納豆が調味料として入り込む余地はなかった。しかし、室町時代から江戸時代中期までの間は、納豆を汁に入れて食べる調味料のような使い方が見られた。ところが、江戸時代後期になると、納豆汁としての利用も下火になり、納豆に醤油をかけて食べるご飯のおかずとしての利用に収斂していった。

アジア納豆は、糸が引かない納豆を乾燥させて調味料として使う地域も多いが、日本ではそのような利用は見られない。かつて行われていたような稲ワラでの納豆生産は、うまく糸が引かないこともあったはずだが、その糸が引かない納豆を乾燥させて調味料として使うことは考えなかったようだ。では、糸が引かない納豆は、どのように利用されたのであろうか。

たとえば、新潟県中越地方では、「納豆の出来が悪くてよくやじがたたない（糸が引かない）ときは、とろろいもをすりおろして入れたりする」†32とされ、粘りのある別の食べ物と混ぜ合わせることで無理やり粘りを出そうとした。また岩手県央地域では、「失敗した納豆は、干し納豆にするとよい」†33、そして栃木県県央地域でも、「糸を引かない納豆ができたときや、納豆を食べ飽きたときに、干し納豆や納豆大根**をつくる」†34などと記されている。干し納豆は、お茶漬けに入れたり、お茶菓子として食べたりするが、昔は保存食であった。また、秋田を調査した時に、仙北郡美郷町の大手納豆メーカー「ヤマダフーズ」の方々から、「昔、この辺りの人たちは糸引きのない失敗した納豆を捨てるのはもったいないので納豆汁にしていた」と教えていただいた。同じく、第3章で紹介した秋田県横手市大屋地区では、糸引きのない納豆は、売る時に「納豆汁にして食べ

*——糸引き納豆は記録されていなかっただけで、室町時代以前に成立していた可能性はある。
**——塩を入れた大豆の煮汁に干した大根を漬けて、その後、納豆と一緒に干したもの。

てたんせ」と言って、値段を安くして売ったという。

すなわち、納豆をつくっていた人たちは、潰して納豆汁にしたり、また干したりする加工方法を見つけ、糸を引かない納豆も捨てずに利用していた。食べ物を大切にする昔の人々の知恵である。納豆汁として使う納豆利用は、ご飯にかけるおかずではなく、調味料的な納豆利用と言えるかもしれない。

06

東北の調味料納豆

アジア納豆と同じような調味料的な納豆の利用が現在でも東北各地で見られる。1つ目は、納豆に麹と塩を混ぜ合わせて熟成させる塩麹納豆である。それは、山形県置賜地域を中心に東北各地でつくられており、調味料のように使われている。2つ目は江戸や大阪では江戸時代後期以降から見られなくなった納豆汁である。納豆を汁に入れる味噌のような利用方法は東北地方では一般的である。3つ目は、うどんのつけダレとして納豆が使われるようになった「ひっぱりうどん」という、新しく山形県村山地域で生み出された調味料的な利用である。これら、調味料的に使われている納豆の歴史とその納豆に関わる地域の人々の姿を秋田と山形で追ってみた。

塩麹納豆（五斗納豆、雪割納豆）

山形県置賜地域では、納豆菌で発酵させたひき割り納豆に塩と米麹を加えて追加発酵させた納豆がつくられている。できあがった段階で塩味がついているので、醤油を加えずにそのまま食すことができる。現地では、五斗納豆と呼ばれており、その名の由来は、大豆一石でつくったひき割り納豆に対して、塩五斗と麹五斗を混ぜたという説のほか、五斗の樽で仕込んで熟成させたという説もある。[↑1] 地域によってさまざまな呼称があるが、本章では「塩麹納豆」で統一することにする。

塩麹納豆がどのようにつくられ、使われているのかを調べるために、2018年2月に山形県米沢市を訪れた。現地を案内してくれたのは、「雪割納豆」ブランドで塩麹納豆を生産する「株式会社ゆきんこ」の佐野恒平さんと佐野洋平さんである。恒平さんと洋平さんは双子の兄弟で、曾祖父の代から地元で水産物の卸売市場「佐野水産株式会社」を営んでいるが、本業の水産物卸売市場を経営しながら雪割納豆の製造を手掛けている。

佐野さんらが経営する水産物卸売会社が納豆を生産することになった経緯が興味深い。かつて雪割納豆を製造販売していたのは、食品加工業者の「まるよね食品工業」であったが、2014年に廃業してしまった。まるよね食品工業の関連施設が佐野水産の敷地内にあり、米沢特産の雪割納豆が消滅するのが寂しかったので、恒平さんと洋平さんで新会社を立ち上げ、雪割納豆の生産を続けることになった。

佐野水産が引き継いだ雪割納豆の生産現場を見学させていただいた。発酵や熟成の時間などは企業秘密だと思われるので、それらの詳しい情報を伏せて、生産プロセスだけを示そう（表1）。雪割納豆の生産は、ひき割り納豆の生産プロセス（1〜6）と塩切り麹での熟成プロセス（7〜9）の2つに大きく分けられる。普通の丸大豆納豆の生産と異なり、最初に大豆を炒って、表皮を取ってから大豆を蒸すのは、ひき割り納豆の生産に共通するつくり方である。表皮を取り除くために大豆を炒るのである。ひき割り納豆にした後は、米麹と塩を合わせた塩切り麹を納豆と混ぜて、樽に重石を載せて熟成させる。写真1は、熟成中の「雪割納豆」であるが、納豆の匂いと麹の甘い香りだけで何杯もご飯が食べられそうだ。

表1　雪割納豆の製造プロセス

No.	プロセス
1	大豆を炒る
2	炒った大豆を割ってひき割りにする
3	皮を取り除き、浸水
4	大豆を蒸す
5	納豆菌を振りかける
6	室で発酵させる
7	塩切り麹を混ぜる
8	樽に重石を載せて熟成
9	熟成後に低温下で保存
10	出荷

ゆきんこでは、まるよね食品工業時代から雪割納豆の生産を担当していた職人がほとんど手作業で生産を担当していた。しかし、当時の工場をそのまま引き継いだわけではなく、新しい機械

写真1　納豆と塩切り麹を混ぜた雪割納豆。2018年2月、山形県米沢市

写真2　山形県置賜地域で売られている塩麹納豆。2018年2月、山形県米沢市

を導入して、生産効率を上げる努力をした。また、新商品の開発にも積極的に取り組み、トウガラシを加えた「雪割納豆辛口」、玄米麹で熟成させた「雪割納豆玄米糀*」、さらに新潟県上越地域で伝えられてきた伝統調味料の「かんずり」を混ぜた「雪割納豆かんずり入り」などを開発し、雪割納豆は常に進化し続けている。

東北各地に広がる塩麹納豆

山形県置賜地域では「雪割納豆」以外にもさまざまな塩麹納豆がつくられていた（写真2）。名称も「こうじ納豆」、「塩こうじ納豆」、「南蛮納豆」、「仙人納豆」、「なっとう漬」などさまざまで、これほどの種類が置賜地域だけでつくられていることに驚く。

東北地方には、置賜地域以外にも、塩麹納豆がつくられている。山形県庄内地域では、ひき割りにせずに丸大豆の糸引き納豆を麹と塩を混ぜて熟成させる「塩納豆」と呼ばれる納豆がつくられている。福島県喜多方市には「納豆ひしょ」と呼ばれる塩麹納豆が伝えられている。「納豆ひしょ」には2通りのつくり方があり、一つは納豆に甘酒ともろみ醤油を混ぜて熟成させるもの、もう一つは、納豆に麹と塩を混ぜて熟成させるものである。[†2] そして、新潟県魚沼地域（北魚沼郡川口町）では、「納豆醤油の実」と呼ばれる塩麹納豆がつくられている。納豆一升に米麹五合と塩五合を混ぜてかめに入れて、重石を載せて密閉して涼しいところで熟成させる。[†3] 青森県上北郡七戸町では、「ごと」と呼ばれる塩麹納豆がつくられており、茹でた大豆一升に、蒸したつぶし麦（大

＊――「こうじ」を表す漢字には「麹」と「糀」の2種類がある。「麹」は、米、麦、豆からつくられる「こうじ」全般に使用するが、「糀」は、米からつくられる米麹のみを表す。本書では、商品名や引用句を除き、「麹」を用い、どの麹かを明記しなければならない場合は、米麹、麦麹、豆麹といった書き方をする。

麦）三合、麹五合を加えて、重石をして数日熟成させたものだが、茹でた大豆の代わりに納豆を使うこともある。[†4] どちらも同じく「ごと」と呼ばれている。

納豆ではなく、単に茹でた大豆を塩と麹で熟成させる青森県の「ごと」は、秋田県、山形県、新潟県では「醤油の実」と呼ばれるものと同じである。これらは「ひしお味噌」と呼ばれる、なめ味噌の一種で、ごはんのおかずとなるほかに、野菜に付けたりする調味料ともなる。

塩麹納豆は、ご飯のおかずとして食べるが、すでに味が付いていることから、糸引き納豆のようにごはんにのせて食べるのではなく、少量をお茶漬けにしたり、おにぎりの具にしたりするのが一般的な利用方法である。また酒の肴にしてもよい。

塩麹納豆の成り立ち

米沢では、ゆきんこの佐野洋平さん、高畠納豆の加藤義博さん、そして私の3人で塩麹納豆について意見交換を行った。その際、置賜地方で広く見られる、麹、塩、蒸米で野菜を漬ける「三五八漬」が塩麹納豆のルーツだろうという話が出た。三五八の名は、塩・麹・蒸米を3・5・8の割合で混ぜ合わせることに由来する。[†5] 塩麹納豆は、こうした麹と塩を用いた食品の発酵技術および保存技術の延長で誕生したもので、「納豆の三五八漬」ではなかろうか、との考え方である。

私も納豆の三五八漬の考え方に基本的に同意する。そのオリジナルは、「醤油の実」のようなひしお味噌だと思われる。新潟県魚沼地域でつくられている「納豆醤油の実」という名称は、オリジナルが「醤油の実」で、それを納豆でつくるから納豆醤油の実になったことを示している。初めから大豆を加工して納豆にしたものを原料にしたとは思えず、加工食品の発展段階を考えれば、まず発酵させていない茹でた大豆を原料とし、醤油の実のようなひしお味噌がつくられた。納豆も各地でつくられていたが、糸引きのない失敗した納豆を有効利用するために、茹でた大豆の代わりに糸引きのない納豆が使われることになった。山形県庄内山間では「失敗して糸を引かないときは、塩辛納豆にする。三升の納豆にこうじ一升、塩三合ほどを混ぜて、かめに入れてわかす（発酵させる）。これは、農時のお菜にする。[6]」と述べられている。この塩辛納豆とは、コウジカビで発酵させたものではなく、納豆に麹を混ぜて追加発酵させたものである。福島県会津盆地の「納豆ひしょ」は、「よくできた納豆ばかりでなく、温度の関係で糸の引かない納豆ができたときにも納豆ひしょにする」とされ[7]、また青森県南部（上北）の「ごと」でも「納豆の出来が悪いとき、それを利用する」と記されている[8]。

また、麹と塩を混ぜることで納豆の賞味期限を延ばす効果も得られる。納豆を調味料として使用する場合、糸引きはそれほど重要ではない。それよりも、人々が失敗した納豆を有効利用すること、そして保存性を高めることを優先したと考えれば、納豆に麹と塩を加えるようになったことに納得がいく。しかも、単に茹でた大豆でつくるひしお味噌よりも、納豆を使ったほうが大豆のうま味をより醸し出すことができる。すなわち、東北各地に見られる納豆に麹を混ぜて熟成させた塩麹納豆は、山形県置賜地域に限らず、三五八漬のような麹と塩を用いた発酵食品をつくり、すでにひしお味噌が成立していた東北各地において、納豆の保存期間を延ばすこと、失敗した納豆を有効利用することを目的につくられたものと思われる。

ひっぱりうどん

山形には塩麹納豆のほかにも、他地域ではあまり見られない調味料的な納豆の利用が見られる。それが「ひっぱりうどん」である。ひっぱりうどんは山形県村山市戸沢地区で始まったと伝えられており、山形県内陸部に広まるうどんの食べ方である。茹でた乾麺のうどんを鍋から直接ひっぱり上げて食べることから、ひっぱりうどんと呼ばれている。

「ひっぱりうどん研究所」所長で村山市役所職員の佐藤政史さんに、お話を伺った。ひっぱりうどん研究所は２０１０年に設立され、佐藤政史さんは当時、村山市戸沢地域市民センターの職員として地域の公民館業務などを担当していた。ひっぱりうどん研究所は、ひっぱりうどんを通じて食文化の保存や普及を行うことを目的にして、メンバー有志が集まってつくった団体である。

ひっぱりうどん研究所では、（1）乾麺のうどんを使うこと、（2）鍋から食べる人が直接ひっぱりあげること、（3）つけダレは各自の自由、という3つをひっぱりうどんの定義として定めている。自由とされるつけダレは、納豆、生卵、めんつゆがベースになっており、それにサバの水煮（サバ缶）を加えるのが一般的である。なぜ、このような食べ方が考案されたのか、インターネットで検索をすると、さまざまな説が流れているが、ここでは私が佐藤政史さんから直接聞き取ったことだけを記す。

ひっぱりうどん発祥の地である村山市戸沢地区は、村山市と寒河江市の市境上にある標高１、４６２メートルの葉山の山麓に位置する。田畑を持たない集落の人たちは、かつて炭焼きを生業としていた。人々は炭を食料と物々交換して生活しており、昭和20（１９４５）年代あたりから、物々交換で乾麺のうどんが入ってくるようになった。その乾麺がどこから入ってきたのかわからないが、保存がきく乾麺は便利なので、炭焼きで山ごもりする時に持って入るようになった。山で食事をするには水が必要なので、水場に近いところに小屋を構える。鍋からそのまま麺をすくって食べると、貴重な水を無駄にすることもない。しかも素早く食べることができるので、このような食べ方になったと言われている。当時は、塩だけで味付けして食べていたらしい。

山で食べていた乾麺は、やがて家庭でも食べられるようになり、つけダレに大根や山芋が入れられるようになった。昭和30（１９５５）年代になると、自家製の納豆、さらに生卵や漬物が加わった。そして昭和40（１９６５）年代になると、つけダレにサバ缶が加わることになった。サバ缶の登場は、１９６１年（昭和36）に村山市内にサクランボの果実缶詰*を製造する土谷食品株式会社（現株式会社マルハニチロ山形）が創業したことと大きく関係していた。大洋漁業（現マルハニチロ）の関連会社であった土谷食品の社員は、大洋漁業が製造するサバ缶を社員価格で安く買えた。

写真3　ひっぱりうどん用に売られている乾麺。2018年2月、山形県村山市

写真4　小学生向けイベントにおける「ひっぱりうどん」。2018年2月、山形県村山市

村山の人々は、雪深く外出が困難になる冬のためにサバ缶を備蓄するようになり、サバ缶はひっぱりうどんの具として自然に使われることになった。確かに、納豆のグルタミン酸に加えて、サバ缶のイノシン酸も加わると、うま味最強のつけダレができあがる。また、１９９０年代以降になると、長く茹でても伸びないように工夫されたひっぱりうどん用の乾麺が販売されるようになった（写真３）。

村山を訪問した日は、偶然にも村山市総合文化複合施設「甑葉（しょうよう）プラザ」で小学生向けの職業体験イベントが行われており、ひっぱりうどん研究所が昼食にひっぱりうどんを提供することになっていた。そこで、地元の子供たちが、どのようにひっぱりうどんを食べるのか観察することができた（写真4）。つけダレ用に用意された具は、基本のめんつゆ／納豆／生卵／サバ缶／ネギ以外に、鰹節／海苔／昆布茶／イカの塩辛／シーチキン缶、乳製品のバター／パルメザンチーズ、香辛料のトウガラシ／コショウ／カレー粉、調味料のトマトケチャップ／中濃ソース／マヨネーズ／ゴマ油／スィートチリソース、発酵野菜のキムチ／メンマ／おみ漬け**、そのほかにトンブリ／紅ショウガ／焼き肉のタレ／なめ茸／ポテトチップスであった。大きな鍋をみんなで囲み、食べる人が鍋からうどんを取って食べる完全なフリースタイルで、参加者は多種多様な具を自らの好みで混ぜ合わせていた。十人十色のつけダレができあがるのが面白い。子供たちも、いろいろな具を試しながら、皆でワイワイと食べていた。ひっぱりうどんは、地域の仲間で共食する食べ物であった。

村山に来る前に、ゆきんこの佐野洋平さんと一緒に米沢近郊の高畠町の喫茶店でひっぱりうど

---

*——サクランボは自家不和合性といって同じ品種同士で自家受粉をしない特性があるので、主力の生食用品種である佐藤錦を受粉させるためには、佐藤錦以外の品種も植えなければならない。佐藤錦と親和性が高い品種はナポレオンとされているが、ナポレオンは生食には向かず、缶詰加工されるのが一般的である。村山市内の缶詰工場は、佐藤錦の受粉に使われたナポレオンの果実を加工するための工場であった。

**——細かく切った青菜（せいさい）に大根、人参、しその実などを一緒に樽にいれて漬け込んだ浅漬け。

写真5　「ひっぱりうどん」の基本的なつけダレの「めんつゆ、納豆、生卵、サバ缶、ネギ」の5種類。2018年2月、山形県村山市

んを食べた時の納豆はひき割りであったが、村山で使われていた納豆は丸大豆納豆であった。村山のひっぱりうどんではひき割り納豆は使わない。同じ山形でも県南の置賜地域と県央の村山地域では、使う納豆の形状が異っていた。おそらく、村山が発祥とされるひっぱりうどんも、それがほかの地域に広まる過程で、オリジナルとは違う地域独自の具材が利用され、さまざまなバリエーションのひっぱりうどんが各地で生まれているに違いない。いずれにしろ、基本として入れる「めんつゆ／納豆／生卵／サバ缶／ネギ」の5種類は、うどんに限らず、万能なつけダレとして、さまざまな用途に使えそうだ（写真5）。ひっぱりうどんに納豆が使われ始めた歴史は戦後と新しいが、塩麹納豆や納豆汁に負けず劣らずの調味料的な納豆利用である。

納豆汁の多様性

調味料のように使われる納豆利用といえば、これまで何度も登場してきた納豆汁である。2018年2月に山形に加えて秋田でも調査を実施したので、東北地方の本場の納豆汁とはどんなものなのかを紹介しよう。

最初は、秋田県大仙市大曲の納豆汁について見ていきたい。調査では、大曲で約150年続く老舗和菓子屋「菓子司つじや」五代目の辻卓也さんに現地を案内していただいた。最初に連れて行ってもらったのが、地元のスーパーマーケットである。納豆売り場には各種の納豆と共に納豆をすり潰した「納豆汁の素」、そして納豆汁用の具材が売られていた（写真6）。私が住む名古屋では、まずこのような具材を見かけることはない。この売り場だけ見ても大曲で納豆汁が根付いていることがわかる。スーパーマーケット見学の後に、大曲で納豆汁を提供している店を何軒か案内していただいた。そのうち、詳しく話を聞くことができた2軒の納豆汁を紹介したい。

1軒目は、「和台所花」の納豆汁である（写真7）。具として、雑キノコ*、塩蔵した山菜のニョウサク**（セリ科シシウド属 *Angelica ursina*）、山芋、人参、油揚、豆腐、ネギ、高菜が入っていた。また、

*――山に自然に生えるキノコの総称で、大曲あたりでは、サワモダシ、アミタケ、ムキタケなどのキノコを指す。

写真6　大曲のスーパーマーケットの納豆ブースで売られている納豆汁の素と納豆汁用の具材。2018年2月、秋田県大仙市

写真7　大曲「和台所花」の納豆汁と秋田名物の料理。2018年2月、秋田県大仙市

写真8　大曲「鮨弁天」の納豆汁。2018年2月、秋田県大仙市

納豆汁だけではなく、一緒に秋田名物の品々も出していただいた。手前の漬物は「いぶりがっこ」、納豆汁の左側は、「山芋のとんぶり和え」、そして奥の小鉢は「じゅんさい」である。オーナーの藤澤進朗さんは、かつて納豆汁には人参を入れていなかったが、今は彩りが良いので使っていると言う。納豆汁には、納豆の粒が入っていて、もっとドロドロとしたものをイメージしていたのだが、正直、面食らってしまった。納豆は完全にすりつぶされていて、納豆の粒など欠片も見当たらない。見た目は普通の味噌汁のようだが、しっかりと納豆の味がする。それが、秋田の大曲納豆汁である。

2軒目は、「鮨弁天」の納豆汁である（写真8）。具には、雑キノコ、里芋、油揚、豆腐、ネギ、高菜が入っており、基本的に「和台所花」の納豆汁と同じである。汁をいただくと、しっかりと納豆の味と香りがするが、「和台所花」の納豆汁よりもライトな味わいであった。これは、おそらく、鰹節と昆布の出汁がかなり効いているからだろう。話を伺った若女将の米澤智美さんによると、この納豆汁は、お店の賄いを務めている地元出身の方と母がつくっていた納豆汁レシピを再現したものだという。まさしく、一般家庭でつくられている大曲納豆汁の味である。

「和台所花」でも「鮨弁天」でも、必ず雑キノコが入っており、地元のスーパーマーケットで売っていた納豆汁の具材にも、たくさんのキノコが入っていた。しかし、現地を案内していただいた辻さんは、納豆汁の具材に入れるキノコや山菜は、値段が高くなってしまい、納豆汁はかつてのように日常に食べられる汁ではなく、今では高級なものになってしまったと言う。ちなみに、スーパーマーケットで売っていた納豆汁の具材のキノコや山菜の産地を見ると中国であった。人々がキノコや山菜を採りに行くことが少なくなった現在、中国に頼らないと地域の伝統食である納豆汁の具材も入手できなくなったのである。

その後、私は山形県米沢に出かけたのだが、ゆきんこの佐野さんを訪ねた時が昼近くの時間

＊＊――一般的にはエゾニュウと呼ばれるが、秋田では、ニョウサクと呼ばれ、春に採集して皮をむいたものを塩蔵して、冬に戻して調理するのが一般的である。

写真9　米沢の納豆汁。2018年2月、山形県米沢市

だったので、「まずは昼食を」と言われ、食堂に案内された。そこで待っていたのが、土鍋いっぱいの納豆汁であった(写真9)。それをつくってくれたのは、佐野さんのお母さんである。黒い茎のようなものが大量に浮かんでおり、そのほかに油揚、豆腐、コンニャク、そして大量のセリと刻みネギがトッピングされていた。その見た目は、秋田県で食べた納豆汁とまったく違っていた。黒い茎は、山形で「芋(いも)がら」と呼ばれる里芋の茎を干したもので、地域によっては「ずいき」と呼ばれることもある。山形の納豆汁に芋がらは欠かせない具材で、セリと刻みネギを入れるのも特徴である。秋田の大曲納豆汁は、あっさり系でクセの無いものであったが、米沢の納豆汁の味は、濃厚で納豆の味と香りのパンチがガツンと効いていた。一緒に出してもらった雪割納豆のおにぎりとの相性も抜群で、何杯も納豆汁をお代わりした。

納豆汁は、江戸時代後半以降、江戸や大阪では食べられなくなってしまったが、秋田や山形などの東北地方では、何世代もの間、地域で採れた具材を用いながら連綿と引き継がれてきたのである。納豆汁は、納豆を調味料として使う典型的な利用方法であり、それを今回の調査で十分に理解することができた。

納豆汁は伝統食か

納豆汁は、味噌や各種の出汁と納豆を合わせ、地域の具材を入れて汁として食べる伝統食である。しかし、普通に冬の食べ物として納豆汁を食べていた東北地方の人々にとって、納豆汁を伝統食と捉えることに対しては、多少の葛藤があるようだ。

私が秋田で納豆汁の調査をすることを決めた時に、真っ先にコンタクトを取ったのが辻さんであった。その理由は、彼が大曲納豆汁を通して地域振興をしている「大曲納豆汁旨めもの研究会」（以下、「旨め研」と略する）の代表であったからである。旨め研は、「ご当地グルメでまちおこし団体連絡協議会」（通称「愛Bリーグ」）の加盟団体で、愛Bリーグが行う祭典の「B－1グランプリ」にも出場している。納豆汁で町おこしを実施する大曲は、納豆を研究する私にとっては、絶対に調査をしなければならない土地であった。しかし、大曲で辻さんの話を聞き、さらに大曲で出会った人々から話を伺うにつれ、納豆汁が郷土の伝統食なのか、色々と考えさせられた。

辻さんに旨め研の活動について伺うと、まず全国的に有名な「大曲の花火」の話から始まった。辻さんは、大学進学で秋田を離れ、そのまま東京の企業に就職し、38才で大曲の家業の和菓子屋を継ぐために帰郷したUターン者である。地元に帰ってくると、かつて活気があった大曲の姿は消え、まったく元気のない町に変わっていたと言う。大曲で自慢できるものは花火以外に何もなく、しかもその花火大会は、1日だけで終わってしまう行事である。大曲の人たちが県外の人に誇れるのは、その1日だけ行われる花火大会しかないと思っている人が大半であった。辻さんは、大曲は素晴らしいものにあふれているのに、地元の人々が、それに誇りを持たずに卑下していることを不思議に感じた。都会に憧れることなく、若者たちが地元の魅力を再度見つめ直し、地元の価値を再発見する必要があると考えたのである。その時に、大曲をアピールすることができる材料として郷土の伝統食が持ち上がった。しかも、家庭料理に注目することにした。色々と調査をした結果、最終的に納豆汁で地元をPRすることになったのだと言う。

ここまでは、普通にありがちな話であるが、興味深いのが地元の大曲の人たちの反応である。旨め研のベースは、大曲商工会議所青年部であったが、一緒に地域振興を試みようとするメンバーから、納豆汁に対して「田舎くさい」、「イメージが悪くなる」、「都会の人にこんなものを出せるか」との意見が出された。また、「納豆は嫌いな人も多いので万人受けしない」、「納豆汁は大曲だけの郷土食ではない」という、きわめて真っ当と思われる意見が出された。

2008年に旨め研がスタートし、さまざまなイベントで納豆汁を提供することになった。すると、「こんなマズい納豆汁でご当地グルメをやっているのか」、「うちの婆ちゃんの納豆汁のほうが旨いから習いに来い」などと言われ、旨め研の納豆汁を食べた人のほとんどがクレームをつけた。旨め研は、実際に納豆汁を食べている地元の人たちが、ここまで納豆汁にこだわりを持っていて、クレームをつけるのだから、それは納豆汁を誇りに思っていることの裏返しではないかと考えたのである。

そして、大曲商工会議所青年部として2008年の山形県天童市で開催されている「第14回平成鍋合戦（現令和鍋合戦）」に大曲納豆汁で出場し、もしこれがダメだったら諦めようと思っていたら、初出場にもかかわらず優勝し、「第14代平成鍋将軍」の称号を得た。その後、旨め研は2011年に愛Bリーグ・北海道東北支部に加盟し、2012年には正会員に昇格し、全国規模の一大ご当地グルメイベントのB－1グランプリに出場することになった。

旨め研は、大曲の人々が持っていた郷土の伝統食の潜在的意識を見事に顕在化させた。しかし納豆汁は、家庭料理なので店で食べられるところは少なかった。愛Bリーグに加盟する条件は、「特定の一飲食店のメニューではなく、その街に行けば複数の店で提供していて、そして一般家庭でも食べることができるものであること」とされている。そのために旨め研は、大曲の複数の店に、メニューとして納豆汁を載せることをお願いした。先述の「和台所花」でオーナーの藤澤進朗さんによると、お店で納豆汁を提供し始めたのは2008年からと言っていたので、「旨め研」の活動開始時期と重なっている。郷土の伝統食は、必ずしもそこに行けば食べられるものではないのである。また、「鮨弁天」の若女将の米澤智美さんは、昔は納豆が食べられなくて、納豆が食べられるようになったのは、大曲を離れて大阪に調理の勉強に行っていた時だと正直に話

写真10　伝統行事「大曲の網引き」に出店した「大曲納豆汁旨めもの研究会」の大曲納豆汁ブース。2018年2月、秋田県大仙市

してくれた。ご当地グルメは、必ずしも地域の人々が幼い頃から食べてきたものではないこともあるのだ。

しかし、旨め研の大曲納豆汁を通した地域振興活動は、着実に地域に根付いている。ちょうど調査で大曲を訪れた時に、年に1回の伝統行事である「大曲の綱引き」が行われた。そこに出店した旨め研の大曲納豆汁のブースには、たくさんの地元の人たちが、体を温めるために納豆汁を求めていた（写真10）。納豆という地域の食材を活かした活動が、地元の人たちにも受け入れられているような気がして、私まで何だか嬉しくなった。

山形県村山市の「ひっぱりうどん研究所」も、ひっぱりうどんで地域振興を行うために「愛Bリーグ」に加盟しようと試みたことがあった。しかし、ひっぱりうどん自体の知名度は上がっているものの、一般家庭で食べられているような料理をメニューに載せてくれる市内の飲食店がなく、結局、愛Bリーグに加盟できなかった。[*]納豆を調味料的に使った納豆汁もひっぱりうどんも、共に地元の人々に長く愛されてきた、郷土食、伝統食、そしてご当地グルメであるが、それは、地元の考え方ではなく、外部の人たちによって定義されているという側面があることについて、我々は注意しなければならない。

旨め研が提供する大曲納豆汁が愛Bリーグに加盟できたこと自体を否定するものでもないし、旨め研の活動を否定するものでもない。むしろ、私は旨め研の大曲納豆汁を通した地域振興のあり方から、伝統食とは何か、そして、ご当地グルメとは何なのかということを考えるきっかけを与えてもらったのである。

＊——調査を実施した2018年2月の時点では、居酒屋1軒とJR村山駅の蕎麦屋1軒の計2店でひっぱりうどんが店のメニューとして出されていた。

07 アジアの調味料納豆

現在の東南アジアでは、センベイのような形、碁石のような形、厚焼きクッキーのような形の納豆がつくられていて、それらはいずれも炒め物、煮物、スープに入れられ、調味料として使われている。また、ラオス北部やタイ北部では、納豆は麺のスープとして欠かすことのできない出汁として使われている。さらに、ラオス北部ではスイーツにも納豆が利用されていた。しかし、東南アジアの納豆は調味料であるがために、ほかの調味料との競合にさらされ、納豆の利用が衰退しつつある地域も見られる。

写真1　木製の板を蝶番で繋げた道具を使って納豆をセンベイ状に加工する。2009年9月、メーホンソン県

タイ・ヤーイがつくる調味料納豆

調味料として使われる納豆として最初に紹介したいのは、タイの乾燥センベイ状納豆「トゥア・ナオ」である。２００９年9月と12月にタイ北部のメーホンソン県のタイ系民族タイ・ヤーイの村を訪れて納豆の調査を行った。パーイ郡トゥンヤオ地区トゥンポーン村で納豆をつくって50年ぐらいになると言っていたトゥンラーさん（63歳）の家では、木の板を蝶番で繋げた道具を使って、ひき肉用ミンチ機で潰した納豆を平たく加工していた（写真1）。潰した後は、竹で編んだ大きな網の上に並べて日当たりの良い場所で乾燥させる。彼女は、プラスチック・バックに2日間茹でた大豆を入れて発酵させていた。かつてはチークの葉を竹カゴに敷いて発酵させていたが、プラスチック・バックでも味は変わらないし、どちらも糸引

きはない。それをどうやって使うのかを尋ねると、スープに入れると言う。また、タイ・ヤーイの伝統的な麺料理である「ナム・ンギャオ」には必ず納豆を入れると教えてくれた。ナム・ンギャオとは、固めた豚の血、豚肉、トゥア・ナオで出汁を取り、乾燥させたインドワタノキ(*Bombax ceiba*)の花の雄しべ「ギウ」を入れたスープである。しかし、2009年9月の調査では、事前に調査者に納豆料理をつくってもらうことを依頼していなかったので、納豆のスープもナム・ンギャオも食べることができなかった。12月に再びタイで調査を行う予定があったため、一緒に調査をしたチェンマイ大学農学部のカノック先生に、ナム・ンギャオとタイ・ヤーイの人たちの伝統的な納豆料理を食べる機会を次回の調査時にセッティングしていただくことになった。

2009年12月末にタイ北部を再び訪れると、カノック先生がチェンマイ市内にあるナム・ンギャオの店に連れて行ってくれた。その店のナム・ンギャオには、大量のトウガラシが入っており、すごく辛かったが、辛さの中に納豆のうま味が感じられ、クセになる味であった（写真2）。インドワタノキのギウは、特に味や香りがするわけではなく、固めのシコシコする食感がたまらない。これに合わせる麺は、「カノム・ジーン」と呼ばれる発酵米麺である。カノム・ジーンは、米粉を発酵させたものを押し出して、お湯で茹でてから冷水で冷やした麺である。発酵米麺のカノム・ジーンは、東南アジア大陸部各地で食べられており、ラオスでは「カオ・プン」、ミャンマーでは「モヒンガー」、ベトナムでは「ブン」、そして中国では「酸浆米线（すあんじゃんみーしあん）」と呼ばれる。写真3は、東北タイのナコーンパノム県で調査をした時にカノム・ジーンの生産現場で食べたものである。スープはトウガラシと淡水魚を発酵させた塩辛の汁「パー・デーク」だけのシンプルなものであった。タイやラオスでは、カノム・ジーンのスープとして、ココナツミルクをベースにしたレッドカレーやグリーンカレーのような味付けのものが使われることが多いが、タイ北部では、納豆とギウが入っているナム・ンギャオがタイ・ヤーイの名物麺料理として知られている。

チェンマイでナム・ンギャオを堪能した後に、納豆を使った料理を調査するためにメーホンソン県クンユワム郡ムアンポーン地区ムアンポーン村のラヴィーワンさんの家を訪ねた。ラヴィー

写真2　タイ北部の納豆とインドワタノキで味付けされたスープ「ナム・ンギャオ」。2009年12月、チェンマイ県

写真3　発酵米麺「カノム・ジーン」。2017年3月、ナコーンパノム県

ワンさんは、水田の乾季裏作で大豆も自ら栽培していた。自家栽培した大豆を現地で「トゥーン」と呼ばれるフタバガキ科（*Dipterocarpus tuberculatus*）の葉を竹カゴに敷いて、3日間発酵させた納豆をミンチし、ニンニク、トウガラシ、レモングラス、塩を混ぜ合わせ、それを天日で乾燥させたセンベイ状納豆をつくっていた。調査当日は、たくさんの料理を提供していただいたが、調味料として納豆を使っていた料理を2つ紹介しよう。1つ目は、炙った乾燥センベイ状納豆を石臼で叩いて粉末状にした「ナムプリック・トゥア・ナオ・ポン」である（写真4）。これは、茹で

写真4　炙った乾燥センベイ状納豆を石臼で叩いて粉末状にした「ナムプリック・トゥア・ナオ・ポン」。2009年12月、メーホンソン県

写真5　乾燥センベイ状納豆をスープの出汁として使った野菜スープ「ゲーン・パック」。2009年12月、メーホンソン県

た野菜などに付けて食べる粉末調味料として使われる。2つ目は、各種の香辛料と塩が混じった乾燥センベイ状納豆を出汁として使った野菜スープ「ゲーン・パック」で、タイの納豆汁である（写真5）。日本の納豆汁とは違って味噌を入れずに魚醤を入れるので、あっさりしたスープに納豆が隠し味のうま味として加えられている感じだ。日本でも間違いなく受け入れられるスープである。

ラオスの絶品米麺「カオソーイ」

ラオスでもタイ系民族が納豆「トゥア・ナオ」をつくっている。ラオスにおける納豆生産の中心地は、タイ・ヌアとタイ・ルーの人たちが多く住む、北部ルアンナムター県北西部のムアン・シンである。2007年に実施した調査では、ムアン・シン郡の4村を訪れたが、どの生産者も茹でた大豆をプラスチック・バックに入れて、風通しの良い高床式の家の下に置いて2日間発酵させただけで、菌の供給源は入れていなかった。出来あがった納豆は糸を引かず、それを杵と臼で潰し、その時に塩とトウガラシを混ぜ合わせる（写真6）。納豆は、ひき割りの状態で地元の市場で販売する。乾燥センベイ状の納豆は、注文があればつくるが、調査した時はつくっていなかった。

ムアン・シン郡での調査を終え、乗り合いトラックで県庁所在地のルアンナムターに戻る途中、調査を行った生産者の一人が、トラックに乗り込んできて、ひき割り状納豆が入った50キログラムの袋を4つトラックに積み込んだ。ラオス北部各地から商人が納豆を求めてやってくる県庁所在地ルアンナムターの市場で売るのだと言う。200キログラムもの大量の納豆は、わずか3〜4日で売り切れるらしい。私がムアン・シン地区で訪れた4村では、少なく見積もっても50世帯ぐらいは、販売目的で納豆を生産しており、それらの世帯がムアン・シンやルアンナムターの市場で毎日納豆を売っていた。

ラオス北部では、この大量の納豆をどうやって消費しているのだろうか。ルアンナムターの市場で洗面器のような容器にひき割り納豆を山盛りにしている小売り業者に尋ねたところ、ラオス北部各地から商人が定期的に「カオソーイ」に使うための納豆を買い付けに来ると言う。カオソーイとは、モチモチした太い米麺に、豚挽肉、ひき割り状納豆、唐辛子、ニンニク、シャロット、塩、油、鶏出汁などを混ぜて炒めたものがトッピングされているラオス北部のご当地麺である（写真7）。ラオス北部を調査すると、地域によって、また店によってさまざまなカオソーイがあり、行く先々でそれを食べ比べるのが私の密かな楽しみとなっている。かつてはラオス北部でしか食べられなかったカオソーイは、2015年くらいからは首都ヴィエンチャンでも食べることができるようになっている。あっさりした鶏ガラスープに、納豆と米麺の組み合わせは絶品で、見た目ほど辛くなく、外国人観光客にも人気の麺である。ラオスの納豆は、カオソーイのトッピングという調味料的な利用によって、その需要が支えられているといっても過言ではない。

納豆スイーツ「カオレーンフン」

ラオスの納豆利用は麺だけではなかった。ラオス北部で食べられている「カオレーンフン」と呼ばれる米粉を原料にしたスイーツのトッピングにも納豆が使われていた。[†1] 2019年9月にラオス北部のルアンパバーンを調査した時に、カオレーンフンを調べることができたので、詳しく紹介しよう。カオレーンフンは、米粉、重曹、水を混ぜてドロドロするまで1時間ぐらい煮詰め

写真6　唐臼を使って塩とトウガラシを混ぜて納豆をひき割りにする。2007年8月、ルアンナムター県

写真7　ラオス北部の「カオソーイ」。2007年8月、ルアンナムター県

写真8　ラオスのスイーツ「カオレーンフン」の生産。2019年9月、ルアンパバーン県

写真9　納豆がトッピングされた「カオレーンフン」。2019年9月、ルアンパバーン県

る（写真8）。その後、冷やすと固まるので、それを適度な大きさに切って、酸っぱい汁に絡めて食べる。食べる時には、砂糖、味の素、塩、粉末トウガラシ、ピーナッツ、そして納豆を好みで入れる。私は、さらに蒸かしたモチ米を干してから揚げた「カオコープ」をトッピングしてみた（写真9）。カオレーンフンに使われている汁の酸味は、ラオス料理で用いられるソム・ポーンとかソム・ポーイと呼ばれるマメ科アカシア属（*Acacia concinna* DC.）の葉から抽出していた。この店で使われていた納豆は、塩とトウガラシが混ぜられたひき割り状納豆で、ムアン・シンでつくられたものであった。1日に30～40杯を売ると言っていたので、かなりの量の納豆が消費されてい

る。ラオス北部各地では、市場や村の食堂などでカオレーンフンが提供されており、ひき割り状納豆は、カオソーイ以外にもスイーツの調味料として相当な量が使われている。

以前、ある研究会で東南アジア文化に詳しい旅行作家の下川裕治さんと会った時に、カオレーンフンの「レーンフン」というのは、中国語の「冷粉」のことだと教えていただいた。「カオ」はタイ系民族の言語で「米」を意味するので、「米」という言葉と中国語の「冷粉」が結びついて、ラオスではカオレーンフンと呼ばれているのだろう。ラオス以外の東南アジア大陸部でも食べられていそうなスイーツであるが、果たしてトッピングで納豆が使われているのであろうか。今後、調べていきたい。

ミャンマー・シャン州とチン州南部の調味料納豆

ミャンマー・シャン州は、どこでも納豆がつくられている。納豆は、ビルマ語では「ペーボウッ」、タイ系民族であるシャンの人たちは、タイやラオスと同じく「トゥア・ナオ」と呼ぶ。2009年8月に、シャン州北部の中心都市であるラーショー（ティエンニー郡区ナウ・オン村）を通りかかった時に庭先で、竹で編んだ網の上で納豆を干しているのを見つけた（写真10）。国によって民族の呼称は異なるが、タイのタイ・ヤーイと呼ばれる人々とミャンマーでシャンと呼ばれる人々は同じ民族である。事前にアポイントを取っていなかったが、生産者のドータンラー

写真10　ミャンマーの乾燥センベイ状納豆。
2009年8月、シャン州

さん（55歳）に話を聞かせて欲しいと頼むと、快諾していただいた。ドータンラーさんの納豆のつくり方もタイのタイ・ヤーイの人たちと同じで、プラスチック・バックで煮豆を発酵させ、納豆を潰すときにニンニク、トウガラシ、塩を混ぜてから天日で干していた。ただし、潰す時にひき肉用のミンチ機は使っておらず、自分たちがつくった納豆専用のミンチ機を使っていた（写真11）。これまで、何十カ所もの納豆生産現場を調査してきたが、独自で納豆を潰す機械を開発していたのは、後にも先にもこの村だけであった。納豆づくりが古くからこの村の人たちの生業として根付いている証である。潰した納豆は、タイのタイ・ヤーイとまったく同じ木製の板を蝶番で繋げた道具を使ってセンベイ状にしていた。残念ながら、別の目的地に向かう途中に立ち寄ったので、納豆料理をつくってもらう時間はなかった。乾燥センベイ状納豆は、潰してひき割り状にして、汁物や炒め物に入れて調味料として利用すると教えてくれた。

この2009年の調査をきっかけに、本格的にミャンマー

写真11　シャンの納豆生産者が開発した納豆専用のミンチ機。2009年8月、シャン州

で納豆の調査をすることを決め、研究仲間である立命館大学の松田正彦さんから調査許可、通訳、車の手配をしてくれるヤンゴンの旅行会社を紹介していただいた。その旅行会社と何度も打ち合わせを重ね、カチン州とシャン州で納豆を調査するための準備が整った。ところが、その旅行会社からチン州でも納豆をつくっているという情報が得られたので、2014年3月にカチン州で調査を行う日程にチン州での調査を入れることになった。

私が訪れたチン州南部ミンダッ郡区周辺で納豆をつくっていたのは、ムン・チンと呼ばれるチベット・ビルマ系言語を話す人々である。彼らは、納豆のことを「シャンパイ」と呼んでおり、シャンは「シャン地方（人）の」を意味し、パイは「豆」のことを意味する。大豆のこともシャンパイ、納豆のこともシャンパイと呼び、大豆の発酵とは関係なく、同じ名称で呼ばれる。おそらく、シャン地方から大豆が入ってきたと考えられ、納豆も同じくシャン地方から伝えられたものだろう。

写真12　ムン・チンがつくる納豆。2009年8月、チン州

写真13　囲炉裏の上で保管される厚焼きクッキーのような納豆。2009年8月、チン州

ミンダッの郊外にでかけ、村で見かけた女性に「納豆をつくっているか」と聞くと、すぐに納豆を持って来てくれた。納豆の生産者は、リッコン村のブーパイさんである。年齢を尋ねると「知らない」と言う。現地を案内してくれたこの地域の実力者であるアウンさんによると、ブーパイさんの顔には、チン州南部のチン女性特有の入れ墨が見られるので、50歳代後半から60歳代前半ぐらいではないかと言う。[*]ブーパイさんが持って来たのは、バナナの葉を鍋に敷いて発酵させている途中の納豆と手で形を整えただけの厚焼きクッキーのような乾燥納豆であった（写真12）。このクッキーのような乾燥納豆は、木の臼で潰して、塩とトウガラシを入れて炒め物や煮物に入

れる。

ムン・チンの人たちがつくる加工納豆は、厚焼きクッキーのような形状が一般的で、その後に訪ねたアウンさんの農場で働いている労働者の家でも、囲炉裏の上で厚焼きクッキーのような納豆が燻されていた（写真13）。燻すことで1年ぐらい保存できるらしい。この乾燥納豆は、崩してから野菜の煮物に入れる調味料として使うと言う。また、乾燥納豆、トウガラシ、塩を一緒に混ぜて、ご飯にかけてふりかけのようにして食べることもある。おそらく、厚焼きクッキーのような乾燥納豆は、道具を使って薄くする乾燥センベイ状納豆以前に見られた古い形状で、シャン州から納豆が伝わったチン州には、かつてシャン州でつくられていたと思われる古い形状の納豆が残っていると考えられる。[†2]

２０１４年９月、シャン州の州都タウンジーを調査した。タウンジー最大の市場では、乾燥センベイ状納豆が多くの店で売られていた。その中で、私の目を引いたのは、これまでに見たことのないような碁石のような形の小さな乾燥納豆であった。その納豆を売っていたのは、タイ系民族のシャンではなくチベット・ビルマ系民族のパオの人で、納豆を「ベーセィン」と呼んでいた。この納豆を調べるために、パオの人たちが納豆をつくっているタウンジー北部のヤッサウ郡区

＊――チンの人たちが住む地域では、かつて女性の顔に入れ墨を入れる風習があったが、１９７０年代以降に生まれた女性は入れ墨を入れていない。

テーカン村を訪ねた。村では至るところに竹製のザルに並べられた碁石のような乾燥納豆が天日乾燥されており、納豆の臭いが辺りに漂っていた（写真14）。

この納豆は、目の細かい竹カゴに茹で上がった大豆を直接入れ、納屋のような場所で2日間発酵させ、潰してから塩を入れて碁石のような形に整えて天日で1日干すというつくり方である。発酵後には、弱い糸引きがあると言う。そのままでも3カ月保管でき、密閉した容器に入れておけば1年は持つ。碁石のような乾燥納豆は、私がこれまで調査をしたところ、ミャンマー・シャン州のパオの人たちだけのオリジナル形状で、砕いて調味料としてスープに入れたり、炒め物に入れたりして使う。

かつて、タウンジーで大豆の調査を行った吉田よし子は、この地を「納豆センター」と呼んだ。[†3] 私はシャンとパオの人たちが多様な納豆をつくっているシャン州と、ムン・チンの人たちが納豆をつくっているシャン州の周辺を含めた地域を、「納豆の聖地」と称したい。

納豆とほかの調味料との競合

東南アジアは、これまで魚醤のような魚の発酵調味料が卓越する地域とされてきた[†4]（はじめに図1）。「納豆の聖地」であるミャンマー・シャン州タウンジーの市場でも魚介類でつくられた魚醤や塩辛の「ンガピ」が売られていた（写真15）。さらに糸を引く粒状納豆をつくるカチン州でも、州都ミッチーナの市場では魚やエビでつくられたンガピが売られていた。ミャンマーに限らず、タイ、ラオス、ベトナムでも、市場では発酵大豆の納豆と魚の発酵調味料の両方が手に入る。

もともと、東南アジア大陸山地部に住む人々は、魚を発酵させた魚醤や塩辛を利用していなかった。ミャンマーでは、海の魚介類を原料とする工場でつくられた魚醤は、１９５６年に国営工場がつくられてから流通したものとされる。[†5] タイでも、２０１６年に東北部のナコーンパノム県を調査した時に、１９７０年代に入ってから沿岸部の工場で瓶詰めされた魚醤「ナム・プラー」が内陸部にも流通するようになったと住民が述べていた。タイ東北部にはラオスと同じタ

写真14　パオがつくる碁石のような納豆「ベーセィン」。2014年9月、シャン州

写真15　ミャンマーの市場で売られている魚介類の発酵食品「ンガピ」。2014年9月、シャン州

イ系民族のラーオの人々が住んでいるが、この地域では納豆をつくらず、住民は川魚を発酵させた「プラー・ラー」（ラーオ語ではパー・デーク）と呼ばれる魚の塩辛の汁を主たる調味料として使っている。しかし、今では沿岸部の工場でつくられた魚醤も使われるようになった。

写真16　ミャンマーの市場で並んで売られている納豆とＭＳＧ。2014年9月、シャン州

　東南アジア大陸部で古くから納豆を調味料として使っている地域にも、流通網が整備されたことで、魚介類の発酵調味料が入ってくるようになった。チン州ミンダッ郡区の市街地から30分ほど山奥に入ったレーリン村で、バナナの葉で納豆をつくっていたムン・チンのナインワーさん（73歳）は、祖父母の時代から納豆を調味料として炒め物や和え物に混ぜて使ってきた。しかし、彼女は「最近は魚やエビのンガピが安く買えるから、この村で納豆をつくる人が減った」と言う。村の人々は、焼畑で陸稲を栽培し、大豆を含む各種の豆類や野菜を混作する自給的な農業を行っている。かつて、調味料といえば塩とトウガラシしかなかったので、料理にうま味を加えるために、たとえ大豆が少量

しか収穫ができなくても、手間暇をかけて納豆をつくっていた。しかし、市場で魚介類調味料のンガピが安い価格で入手できるようになり、納豆をつくる必要がなくなった。すなわち、納豆から魚介類の調味料に置き換わる現象が生じている。

もう一つ、シャン州タウンジーの市場で撮影した写真を見ていただきたい（写真16）。碁石のような納豆やセンベイ状の納豆と一緒に「味の素」と「味王」という商品名のグルタミン酸ソーダ（ＭＳＧ：monosodium glutamate）のうま味調味料が並んでいた。「味の素」は、日本の味の素株式会社が１９６２年に戦後初めての海外生産拠点としてスタートしたタイ現地法人が生産するＭＳＧである。[†6] タイで生産されたＭＳＧは、安価で手軽に使えるうま味調味料として東南アジア各地に普及した。「味王」も東南アジアでは広く普及しているＭＳＧである。[*] 納豆とＭＳＧが同じ売り場に並んでいることからもわかるように、東南アジア大陸部では、納豆はうま味調味料という位置づけである。

我々日本人は、醤油をかけて、ご飯と一緒に食べるものが納豆だと思っているが、もっと多様な納豆の利用が東南アジアには残っている。そして、アジア納豆は調味料として使われているため、ＭＳＧや魚介類の調味料との競合にさらされ、地域によっては、納豆がほかのうま味調味料に置き換わるような状況が見られるのである。

＊――「味王」の本社は台湾で、製品はタイで生産されている。

08

ヒマラヤの調味料納豆

ヒマラヤ地域のネパール、インド北東部、ブータンなどでも納豆がつくられていることは古くから知られている。ブータン西部からネパール東部にかけてつくられている納豆「キネマ」は、カレーに入れる具材となる。そして、インド・アルナーチャル・プラデーシュ州でモンパ民族がつくる熟成させた納豆「リビ・ジッペン」と「グレップ・チュール」は、チャメンと呼ばれる調味料をつくるための食材となる。ブータン東部の熟成納豆「リビ・イッパ」は調味料として使われるが、この地域の主たる調味料はチーズであり、リビ・イッパにチーズを混ぜる生産者も存在した。納豆とチーズは競合しているのか、それとも共存しているのか。

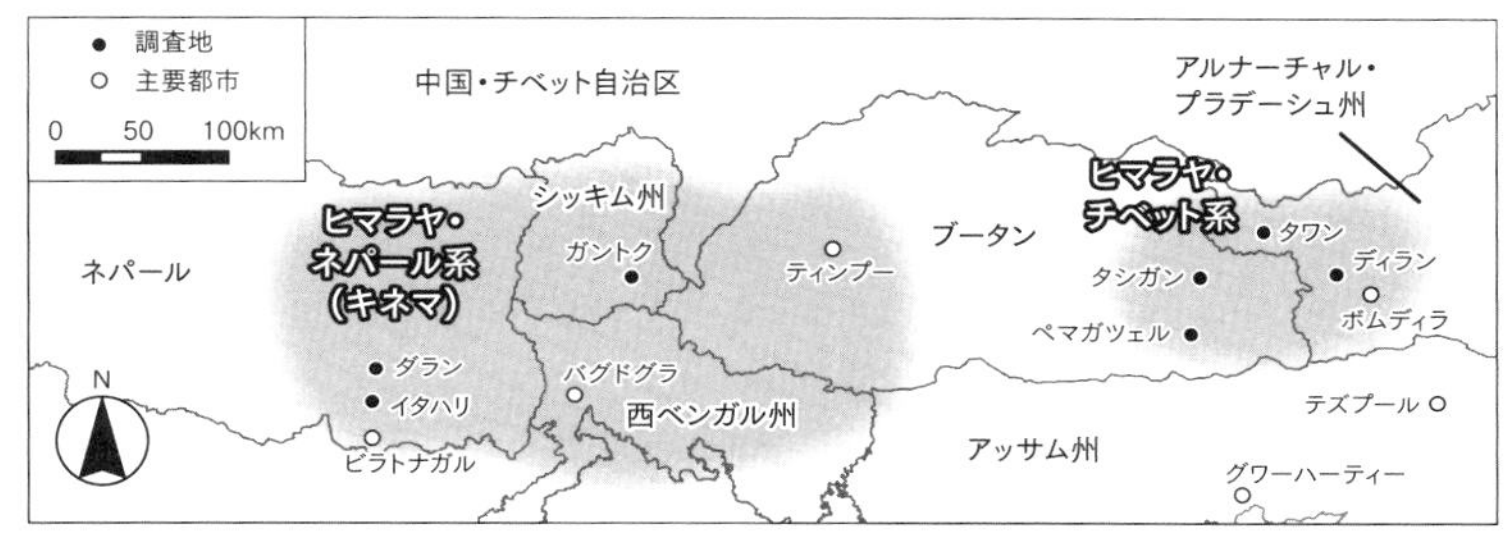

図1　ヒマラヤ・ネパール系とヒマラヤ・チベット系の納豆の分布
出典：横山智（2014）『納豆の起源（NHKブックス1223）』NHK出版、230頁を改変

ヒマラヤの納豆

ヒマラヤ地域には、ネパール系とチベット系の2系統の納豆が分布し、それぞれ独立起源の可能性が高い[†1]（図1）。ネパール系の納豆は「キネマ」と呼ばれる。キネマとは、リンブーの方言の「キナムバァ」が語源で、発酵を意味する「キ」と風味を意味する「ナムバァ」が変化したものである。[†2] 納豆をキネマと呼ぶ人々は、ネパール系民族のリンブー、ライ、タマン、グルン、マンガルで、その範囲は、ブータン西部、インドのシッキム州と西ベンガル州ダージリン地区、そしてネパール東部に広がっている。これらの地域でつくられるキネマは、カレーの具材として使われる。

一方、チベット系の納豆は、ブータン東部とインドのアルナーチャル・プラデーシュ州（以下、アルナーチャルと記す）の地域でつくられている。複数のチベット系民族が納豆をつくり、その呼称は民族によってさまざまである。ブータンでは、西部はキネマだが、東部のシャショッパ（ツァンラ）の人たちがつくる納豆は「リビ・イッパ」と称される。アルナーチャルでは、モンパと呼ばれるチベット系民族が住んでいるが、ディラン地方のモンパ（ディランモンパ）の言葉では、納豆を「リビ・ジッペン」、タワン地方のモンパ（タワンモンパ）の言葉では「グレップ・チュール」と呼ぶ。ブータン東部とアルナーチャルのディランモンパは言葉が似ており、[3] 納豆を意味するリビ・イッパとリビ・ジッペンの「リビ」とは大豆のことを意味し、発酵を意味する言葉がブータン東部では「イッパ」、ディランモンパは「ジッペン」となる。タワンモンパのグレップ・チュールは「グレップ」が大豆、「チュール」が発酵を意味し、モンパ民族でもディランモンパとタワンモンパは、言葉がまったく異なっている。

ヒマラヤでも東南アジアと同じく、民族や地域ごとにバラエティに富んだ納豆の形状や利用が見られた。納豆の形状に関しては、干し納豆に加工するヒマラヤ・ネパール系のキネマと、熟成させて味噌のように加工するヒマラヤ・チベット系の納豆に大別することができる。本章では、ヒマラヤの納豆利用を紹介していこう。

カレーの具材として使われるキネマ

2012年9月、インド・シッキム州を訪れた。現地では、シッキム大学のタマン教授にお世話になった。最初の調査地は、州都ガントクから約20キロメートル南に位置するリンブー族の東

写真1　村の景観。2012年9月、東シッキム県パクヨン郡アホ村

シッキム県パクヨン郡アホ村である。ガントク周辺は、ほとんど平地が無いため、山腹の斜面上に集落を構える。アホ村も例に漏れず、斜面に棚田をつくり、等高線上に家屋が並ぶ典型的な山岳集落の形態を呈していた（写真1）。ここでは、オジュマリさん（30歳）の家で納豆の生産を見せてもらった。

大豆の発酵に使う枯草菌の供給源はシダ植物である。茹であがった大豆を臼で軽く叩いてから、シダ植物を敷いた竹カゴに入れる（第1章写真5）。東南アジアとは違って、完全に大豆を潰さずに、発酵を促すために軽く搗いて割るだけである。竹カゴにシダ植物を敷くつくり方は、ミャンマーのタウンジー周辺のパオ族やシャン族とまったく同じだ。納豆をつくっていた現場には、オジュマリさんの母親もいて、「昔はシダ植物ではなく、違う葉を竹カゴに敷いていた」と言い、その葉を見せてくれた（写真2）。それは、イチジクの葉であった。ミャンマーのカチン州や中国徳宏で菌の供給源となっているイチジクの葉がインドのシッキムでも使われていたが、現在はイチジクの葉からシダへと変わった。その理由は、シダのほうが納豆の味が良かったからである。イチジクとシダのどちらが美味しいかといった味の基準は、民族や地域によって異なるが、この地域のリンブーの人たちはシダを選んだ。ヒマラヤの生産者も東南アジアの生産者と同じく、納豆の味を基準にして菌の供給源となる植物を選択している。

シダを敷いた竹カゴに入れた大豆は、その後に毛布を巻いて暖かい調理場で3晩寝かせ、キネマとなる。キネマは、自ら食べる時は粒状のまま利用することもあるが、ほとんどは干し納豆に加工される。オジュマリさんに、キネマを使った料理を頼むと、ターメリック、シナモン、クミ

写真2　かつてキネマの生産に使用していたイチジクの葉。2012年9月、東シッキム県

写真3　干し納豆を入れたキネマカレー。2012年9月、東シッキム県

写真4　キネマが入ったネパールのダル。2014年8月、コシ県

ン、カルダモン、クローブなどの香辛料を使ったカレーにお湯で戻したキネマを入れた「キネマカレー」をつくってくれた(写真3)。干し納豆をお湯で戻すと、発酵時の粘りも戻る。キネマとインディカ米との相性が絶妙で、抜群に美味しいカレーであった。

次にユーラシア大陸で納豆がつくられている西端であるネパール東部で2014年8月にキネマを調査した。ネパール東部では、コシ県スンサリ郡イタハリのライ族のディップさんの家にホームステイさせてもらい、そこを拠点に納豆を探すことにした。ネパールで最初のキネマは、ディップさんの家で出してもらった「ダルバート」であった。ダルバートとは、ネパール語で豆スープ(ダル)と米飯(バート)のことで、通常は野菜などのおかず(タルカリ)と漬物(アッァール)も付く。それは、ネパールの国民食である。食事で出してもらったカレー味のダルには、私の期待通り、キネマがたくさん入っていた(写真4)。

ダルに入っていたキネマはディップさんの妻ラッサミーさんと家事手伝いのビムラーさんがつくって、干し納豆の状態で保存していたものであった。彼女らにキネマづくりの実演をお願いしたところ、快く引き受けてくれた。

まず3時間ほど大豆を茹でて、鉄製のすり鉢とすりこぎを使って軽く豆を叩き割る。ここまでは、シッキムのつくり方と同じである。しかし、それ以降のプロセスが、これまでの調査で一度も見たことがない魔法のような方法であった。ラッサミーさんは、豆を新聞紙で包み、段ボールに入れたのである(写真5)。あとは、布を巻いた段ボールを暖かい場所に2~3日置くだけである。新聞紙を敷いた段ボールに茹でた大豆を入れるだけで、発酵後には糸が引くキネマができあがると言う。究極の簡易的納豆製法である。

段ボール納豆

ネパール東部で調査を進めると、生産者の多くは、バナナやチークなどの植物の葉を枯草菌の供給源として大豆を発酵させていたことがわかった。段ボールと新聞紙などを使った簡易的な方法でキネマをつくっていたのは、コシ県内8村11軒の生産者を訪ねたうち、ディップさんの家を含めて4軒だけであった。ディップさんはライ族、ほかの3軒は、ダラン近郊のリンブー族の女性、そしてネパール語を母語とするパルバテ・ヒンドゥーのコピラビストさんとティラクマヤさ

写真5　段ボールに新聞紙を敷いて発酵させるキネマ。2014年8月、コシ県

んであった。

段ボールと新聞紙でキネマを商業生産するコピラビストさんは、上位カースト集団「チェトリ」のパルバテ・ヒンドゥーで、伝統的に納豆をつくっていた民族ではない。最初に姉がライ族の知り合いからキネマのつくり方を教わり、その後、彼女が姉からつくり方を教わった。リンブーやライなど、キネマを自給する民族は、大豆を収穫した後の11～3月の冬季にだけキネマをつくり、干し納豆に加工して保存する。しかし、パルバテ・ヒンドゥーの商業的生産者は、大豆を購入して年中キネマを生産し、地元の市場や雑貨店でキネマを25グラムの小袋に分けて8ルピー（約8・4円）で販売している（写真6）。

おそらく、植物の葉を使う伝統的なキネマのつくり方なら、民族を越えてキネマの生産が広がることはなかったであろう。キネマが誰でも入手可能な段ボールや新聞紙でつくることができることがわかったことで、伝統的に納豆をつくっていなかった民族にもキネマ生産が伝播した。そして、かつては冬だけにつくられていたキネマは、年中つくられるようになり、いつでも市場や雑貨店で購入することができる食材に変化したのである。

写真6　雑貨店で小袋に分けて売られるキネマ。2014年8月、コシ県

キネマづくりと在来知

ネパールで段ボールと新聞紙でキネマをつくる生産者の実践を、単に簡易的で非伝統的な方法と言ってしまってよいのだろうか。段ボールと新聞紙でキネマをつくっていたラッサミーさんは、キネマは同じ場所でつくらないとうまく発酵できないと言う。枯草菌は常在菌なので、煮豆を放置しておけば納豆になる可能性は高い[†4]。しかし、どんな枯草菌でも良いわけではない。おそらく、キネマをつくる場所には、それをうまくつくることができる枯草菌が棲みついていると思われる。新聞紙と段ボールといった納豆をつくるためのマテリアルよりも、どうやって発酵を担う菌をその場所に棲みつかせ、いかに維持してきたのかが重要である。生産者による、その

写真7　煮豆を発酵させる時に灰を入れるキネマ生産者。2014年8月、コシ県

実践を「在来知」と呼ぶが、目に見えない菌をいかにしてコントロールしているのかといった在来知の獲得プロセスについては、いまだに研究成果が得られていない。

もう一つ、ヒマラヤ地域のキネマ生産者にだけ見られた実践が確認された。それは、納豆を発酵させる時に灰を入れていたことである。灰を入れていたのは11軒の生産者のうち3軒であった。先述のパルバテ・ヒンドゥーのコピラビストさんも大豆を茹でた後に灰を混ぜていた。実際に灰を混ぜるのを見たのは、コシ県スンサリ郡イタハリのリンブーの人に納豆のつくり方を実演してもらった時であった。左手に木灰を持ち、それを茹でた大豆に入れて混ぜた後に、チークに包んで大豆を発酵させる（写真7）。灰を加える事例は、インドのシッキム州や西ベンガル州ダージリンでも報告されており[†5]、ヒマラヤのキネマ生産では珍しくないが、東南アジアではまったく見られない。

枯草菌は芽胞を形成し、さまざまな環境に対して耐久性を有するので、煮豆に灰を振りかけてアルカリ性にしても耐えられる。しかし、アルカリに弱い枯草菌以外の菌は生育できないので、結果的に枯草菌だけが生き残る。当然、ヒマラヤ地域の住民は、そのような枯草菌の特徴は知らないと思うが、長く納豆を生産してきた経験から灰を入れると失敗せずに美味しいキネマをつくることができるのを知ったのであろう。

アルナーチャルのトウガラシと納豆の混合調味料チャメン

チベット系の納豆は、ネパール系のキネマとまったく形状が異なる。2013年4月下旬から5月上旬にかけてブータンの西に位置するインドのアルナーチャルで京都大学の水野一晴さんと一緒に調査を行う機会が得られた。最初に現地の納豆リビ・ジッペンを見たのは、水野さんの知り合いであるディランモンパの西カメン県ディランのリンチンさんの家であった。それは、これまでに見たこともない、土の塊のような熟成させた納豆であった。発酵後は、木臼で完全にすりつぶして竹の容器「ジェー」に入れて保管するが、1カ月程経つと写真8のように粉が出てくる。伝統的なリビ・ジッペンのつくり方は、竹のバスケットに現地でラシン*（ツツジ科ツツジ属のシャクナゲ *Rhododendron hodgsonii*）と呼ばれるシャクナゲの葉を敷き詰めて2日間、囲炉裏の側に置いて発酵させる。シャクナゲの葉は大きく丈夫なので、現地ではバターやチーズを包むために日常的に使われている[†6]（写真9）。東南アジアでたとえると、バナナやフリニウムの葉で食料を包むのと同じような利用である。だとすれば、現地で煮豆を包む身近な葉としてシャクナゲが使われていたとしても不思議ではない。しかし、リンチンさんは、2000年代後半から、肥料袋のようなプラスチック・バッグを使って発酵させている。納豆をプラスチック・バッグでつくる方法は、チ

写真8　ディランモンパの味噌状の納豆リビ・ジッペン。2013年4月、アルナーチャル・プラデーシュ州西カメン県

写真9　かつて納豆の発酵に使われていたシャクナゲ。2013年4月、アルナーチャル・プラデーシュ州西カメン県

＊——調査を実施したディランは標高約1、500～1、600メートル、タワンは2、500～2、900メートルに位置している。したがって亜高山帯の植物であるシャクナゲは、アルナーチャルでは普通に見かけることができる。

ベット系の納豆でも見られ、アジアとヒマラヤのほぼ全域で行われていた。

ディラン周辺で調査を行った後、タワン県タワンに移動した。タワン近郊ジャン郡シンソール・アニ・ゴンパ村の尼寺で納豆グレップ・チュールのつくり方を聞くと、２０１１年以降になって、煮豆を発酵させる時にプラスチック・バックを使い始めたと言う。それ以前は、竹カゴを使っており、さらに母親の時代には、タワンモンパ語で「マルラ」と呼ぶシャクナゲの葉を竹カゴに敷いて発酵させていたらしい。約１カ月熟成させたグレップ・チュールを見せてもらうと、すりつぶした味噌のような形状になっていた（写真10）。

写真10　タワンモンパの味噌状の納豆グレップ・チュール。2013年4月、アルナーチャル・プラデーシュ州タワン県

写真11　ソバ（右）のソースとして利用されるチャメン（左下）。2013年5月、アルナーチャル・プラデーシュ州西カメン県

アルナーチャルの味噌状のリビ・ジッペンとグレップ・チュールは、現地では「チャメン」と呼ばれる調味料をつくる食材として使われる。チャメンは、塩、トウガラシと納豆の3種類に水(湯)を加えて、すりつぶした調味料である。タワンモンパの尼寺でつくってもらったチャメンは、基本の3種類に加えて、山椒を入れて潰したものであった。ディランモンパのリンチンさんがつくったチャメンは、基本の3種類に加えて、ショウガを入れて潰したものであった。これを、タワンモンパ語で「グルツン・プタン」と称するソバ*にかけて食べる(写真11)。納豆入りのチャメンをかけて食べたソバは、とても美味しかった。

アルナーチャルの納豆生産者に、納豆の利用方法を尋ねると、全員が「チャメン」と答える。東南アジアのジェオ(ラオス)とナム・プリック(タイ)と似た使い方であった。** アルナーチャルのようなヒマラヤ高地では、魚醤や穀醤は使われないので、トウガラシのソースを使う時にうま味成分を加えるために納豆が重要な役割を果たしている。発酵大豆のうま味とトウガラシの辛みは、ご飯やソバのような主食に合い、納豆を入れたチャメンは、モンパ民族の伝統的な調味料となっている。

*——日本では韃靼(だったん)ソバ、もしくは苦ソバとか呼ばれている種類のもので、手動の押し出し式製麺機を使って製麺する。

**——東南アジアでよく使われるディップ・ソースで、詳しくは第4章を参照のこと。

ブータン東部の謎の納豆リビ・イッパ

チベット系の納豆は謎に満ちている。アルナーチャルのリビ・ジッペンとグレップ・チュールのほかに、ブータン東部ではリビ・イッパと呼ばれる熟成させた納豆がつくられている。しかし、前著『納豆の起源』を刊行した2014年の時点では、ブータンの研究機関との調整が間に合わず、調査ができなかった。そのため、リビ・イッパの情報は、数少ない文献だけに頼って記述せざるを得なかった。その中で最も詳しく記述されていたのは、吉田よし子の調査情報である。

ブータンの納豆センターといわれている東ブータンのモンガルへ行った。しかしここで見た納豆は、今まで見てきた納豆とはまったく違うものだった。ダイズを塩なしで発酵させて作るところはたしかに納豆なのだが、短いものでも数カ月、長いものでは一年以上保存するため、でき上がった納豆は半流動体で、猛烈な臭気を放つ。

作り方を聞くと、一軒では、酒作り用に自宅で作っている草麹を混ぜ、もう一軒では白チーズを混ぜて作っていた。こういったものを混ぜたほうが熟成が早く、味もよくなるからだという。なおダイズ以外何も混ぜない納豆もあり、いずれもリビイッパと呼んでいた。

この納豆の用途はスープの味出しで、普通味出しに使う発酵させたチーズといっしょ、あるいはその代わりに用いる。さらにこの納豆は家畜のための常備薬でもあった。[†7]

何カ月間も発酵させ続けている点は、アルナーチャルの納豆と同じであるが、発酵後に草麹を混ぜたり、白チーズを混ぜたりして熟成させているとは驚きである。これが一般的なブータン東部のリビ・イッパなのだろうか。ブータンでは、トウガラシや各種の野菜とチーズを混ぜるエマ・ダツィと呼ばれる料理が国民食とされているが、[†8] 納豆にチーズを混ぜたり、チーズの代わりに納豆を使ったりする利用は、日本人には想像できない。

ブータン東部での納豆調査

ブータンのリビ・イッパについて、研究会で知り合ったブータンへのツアーなどを企画する「ヤクランド」の久保淳子さんから、ブータン東部の人たちは、「小さい頃には牛を飼っている人はお金もちだけで、チーズのかわりに納豆を食べていた。つまり、トウガラシのチーズ煮のチーズが納豆です」という興味深い情報をいただいた。[*] 納豆がチーズの代用品とは考えもしなかった。

＊――久保淳子さんからのメール私信（２０１５年４月１日）

また、久保さんによると、ブータン東部のタシガン付近には、アルナーチャルと同じような熟成させたリビ・イッパをハンバーグのような形状にして食べている人たちがいることも教えていただいた。どんな納豆がブータンで待ち受けているのか、妄想が膨らむばかりで、いてもたってもいられなくなり、旅行会社に車とガイドを手配してもらい、２０１6年10月、ブータン東部で納豆調査を決行した。

これまでの納豆調査は、調査地の市場に行き、納豆を売っている店を見つけて、その納豆がどこでつくられているのかを尋ねて、生産者の家に行く方法で実施してきた。調査初日、インド・アッサム州のグワハティに到着後、手配した車でブータンに入り、ペマガツェルに宿泊した。しかし、ペマガツェルには市場がなかった。調査初日から、これまでの調査手法で納豆を探すことができない事態に直面した。ブータン西部から来た通訳と運転手は、「ほとんど自給自足の生活を送っている東部の人たちは、食材を買う必要がなく、市場のような場所は東部には存在しない」と言うのである。ペマガツェルには、野菜やチーズなどを売っている商店が1軒だけ見つかったが、そこは農業を営んでいない公務員が利用する店らしい。当然、納豆も売っていなかった。

どうやって、納豆生産者を探せばよいのか途方に暮れていたところ、運転手の母がブータン東部出身で、母の妹がペマガツェルに住んでいると言う。しかも、その運転手はブータン東部で話されているシャショップ語が話せる。翌日、その叔母の家にアポなしで行くことになった。こうして、ブータンでの調査は、人伝手に納豆生産者を探す方法で行うことになった。

リビ・イッパは乳酸発酵なのか

ペマガツェル県シュマル郡バールツィリ村に住む運転手の叔母ドウンチュワンモアさん（51歳）の家を訪ねた。村のほとんどの世帯では、自家製のリビ・イッパをつくっているらしい。リビ・イッパは、ダイズを茹でた後、よく水を切ってから熱い状態でビニール袋に入れて口を縛り、布に包んで夏は2週間、冬は2カ月発酵させると教えてくれた。できあがった後は、プラスチックのケースに入れて保管する。ビニール袋とは、東南アジアなどで使われている通気性のある肥料袋のようなプラスチック・バックではなく、透明のまったく空気を通さないものである。

このようなつくり方で大豆を枯草菌で発酵させられるのだろうか。枯草菌は、酸素呼吸しながら有機物を分解する好気性菌なので、酸素がないと生育できない。ビニール袋に入れて口を縛ってしまうと酸素が供給されないので、枯草菌による発酵は期待できない。だとすれば、初期の発酵は嫌気性の乳酸菌だろうか。袋から取り出して保管している間に枯草菌がつくのかもしれないが、生産プロセスごとに菌の分析をしない限り、それを明らかにするのは難しい。ビニール袋を使い始めたのは2000年頃からで、かつては鍋にバナナなどの植物の葉を敷いて、煮豆を包み、布をかぶせて寝かせていた。彼女はビニール袋を使うようになってから失敗が減ったと言うが、

写真12　ドウンチュワンモアさんの2カ月熟成させたリビ・イッパ（2016年10月、ペマガツェル県

鍋にバナナの葉を敷いていた時のほうが枯草菌で発酵できていたに違いない。彼女が言う失敗とはどのような状態なのだろうか。

2カ月前につくったリビ・イッパを見せてもらうと、見た目は納豆っぽい（写真12）。発酵していることは間違いないが、強烈な腐敗臭が漂う。これまで見てきたアジア納豆の中では、一番臭いが強かった。食べると少し酸味がある。やはり乳酸発酵なのではないかと感じた。潰さずに粒状のまま数カ月熟成させるが、食べる時には木製の手臼で潰し、それを調味料として使う。

ドウンチュワンモアさんが食事を用意してくれた（写真13）。大盛りのトウモロコシを混ぜて炊いた飯に干し肉と野菜がのっている。左下のカップは、発酵させたトウモロコシにお湯を注いで濾して飲む蒸留酒「バンチャン」である。右上は、チーズを出汁として使った「ジャジュ」と呼ばれるスープ、そして右下が、「エゼ」と呼ばれるディップ・ペーストである。この時に出されたエゼには、リビ・イッパ、トウガラシ（ダッィ）、山椒（ティンゲイ）、塩、トマトが混ぜられていた（写真14）。エゼは、ご飯との相性が抜群に良い。ガイドによると、エゼにはさまざまな種類があり、トウガラシと山椒にトマトを入れて油で炒ったラー油のようなもの、またチーズを入れたものがあると言う。ドウンチュワンモアさんに聞くと、エゼにチーズを入れるのは普通だが、チーズの代わりにリビ・イッパを使っているわけではなく、チーズに加えてリビ・イッパも使うと言う。普段、調味料として何を使うのかと尋ねたら、チーズ、リビ・イッパ、塩、油の4種類だと教えてくれた。

ペマガツェルを後にした私たちは、夕方に東部の中心地タシガンに到着した。ホテルの支配人

写真13　ドウンチュワンモアさんの家での食事。バンチャン（左下）、ジャジュ（右上）、エゼ（右下）。2016年10月、ペマガツェル県

写真14　リビ・イッパ、トウガラシ、山椒、塩、トマトが混ぜられたエゼ。2016年10月、ペマガツェル県

写真15　ビニール袋で発酵させるリビ・イッパ。
2016年10月、タシガン県

に市場はあるかと尋ねると、野菜を売っている店が数軒あるが市場はないと言う。支配人は、地元出身ではないのでリビ・イッパについては詳しくわからないらしく、タシガン出身の従業員にリビ・イッパについて尋ねてもらうことになった。

翌朝、ホテルのフロントに行くと、支配人が一人の若い女性を連れてきた。彼女の名前はリッキーさん(20歳)。実家と叔母の家でリビ・イッパをつくっていると言う。我々の調査にリッキーさんが1日同行してくれることになった。タシガン中心部から約15キロメートル西に位置するサムカール郡バラゴンパ村に住むリッキーさんの叔母のチェザンさん(42歳)の家に向かった。到着するとすでに、屋外の調理場でリビ・イッパをつくるための火の準備を始めていた。

リビ・イッパのつくり方は、1時間ほど大豆を浸水させた後、水がなくならないように、しゃもじで水を加えながら茹でる。実際の茹で時間は、1時間15分であった。茹で終わりの際には、大豆を手に取って潰して、十分に柔らかくなっていることを確認していた。ザルで水を切り、温かいうちにビニール袋に入れて、しっかりと袋の口を閉める（写真15）。ここまでのつくり方は、前日に調査したペマガツェルのドウンチュワンモアさんを真似したのではないかと思えるほど同じであった。ビニール袋に入れた後は、暖かい場所で10日間ほど寝かせる。しかし、ビニール袋の中で好気性の枯草菌が生きられるとは思えないので、この10日間は枯草菌の供給は期待できない。その後、袋から出して、潰してから瓶やプラスチックのケースなどに入れて、さらに1～2カ月熟成させてから利用する。

超熟成のリビ・イッパとチーズを混ぜたリビ・イッパ

チェザンさんの家で実際に使っている2種類のリビ・イッパを見せてもらった。1つ目は、焦げ茶色のペースト状のリビ・イッパであった（写真16）。これほどドロドロになった納豆は見たことがない。どのようにして、このようなリビ・イッパをつくったのか尋ねると、「結婚した年につくったリビ・イッパを熟成させ続けている」という信じられないような答えが返ってきた。チェザンさんが夫のテンジンさんと結婚したのが2002年なので、14年間も熟成させているのだ。それほど長く発酵させ続けていたら、豆の形がなくなるのも当然である。祖母から、長く熟成させた納豆は「薬」になると教えられたので、長期熟成させているのだと言う。この超熟成リ

写真16　14年間熟成させたリビ・イッパ。2016年10月、タシガン県

写真17　チーズを混ぜたリビ・イッパ。2016年10月、タシガン県

写真18　チーズ「チュル」（左）と1年間寝かせて液状になったチーズ「チュルパ」（右）。2016年10月、タシガン県

ビ・イッパは、ほんの味付け程度に少しずつ料理に入れて使っている。味見をさせてもらったが、すごく苦かった。納豆の味もうま味も感じられない。「良薬は口に苦し」とはこのことである。

2つ目は、チーズを混ぜたリビ・イッパである（写真17）。現地の言葉で「チュル」と呼ばれる牛の乳でつくる柔らかいチーズを1年間ぐらい寝かせておくと液状の「チュルパ」になる（写真18）。そのチュルパをリビ・イッパに混ぜたものである。チーズを混ぜたリビ・イッパは、強烈な臭いを放ち、味見をしても、これが納豆なのかチーズなのか、よくわからなかった。チーズを混ぜたリビ・イッパも調味料として使う。納豆にチーズを混ぜる理由を聞いたところ、「チーズもリビ・イッパも調味料で、同じような料理に使うし、良いリビ・イッパは、チーズのような香りがする。だからリビ・イッパに、チーズを混ぜて使う」と言う

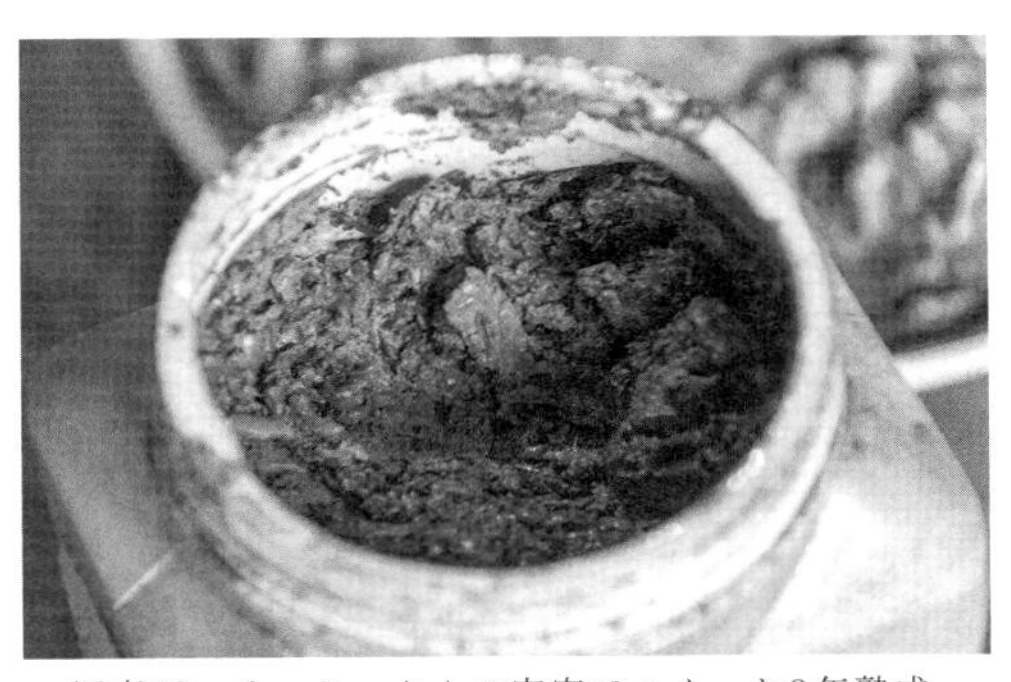

写真19　リッキーさんの実家でつくった3年熟成させたリビ・イッパ。2016年10月、タシガン県

のだ。吉田よし子は、熟成を早めるためにチーズを混ぜると記していたが[†9]、そのような理由は聞かれなかった。

家畜の薬としてのリビ・イッパ

次に訪れたのは、サムカール郡カプティ村のリッキーさんの実家である。当日は、彼女の母チェガンさん（49歳）、そして祖父母が我々を迎えてくれた。3年前に壺に入れて発酵させたというリビ・イッパを見せてもらった。発酵後は竹で編んだカゴで熟成させ、プラスチックの瓶で保存していた。すでに3年熟成させているので、大豆の粒はほとんど残っていなかった（写真19）。

祖母イシ・ジェモさん（自称86歳）によれば、牛を飼っていない家ではチーズがつくれないので、その代わりにリビ・イッパを調味料として使っていたらしい。また、飼っている牛が病気で痩せてしまった時には、リビ・イッパに水を混ぜて飲ませると元気になると教えてくれた。これは、吉田よし子が記した「家畜の常備薬」として使われていたことを裏付ける語りである。[†10] イシ・ジェモさんは、たとえチーズがあっても、調味料としてリビ・イッパを使うが、若い世代はリビ・イッパの臭いが嫌いなので、徐々に使われなくなっていると言う。その場に居た20歳のリッキーさんにリビ・イッパについて尋ねると、「臭いから嫌いだ」と答えた

子供に嫌われるリビ・イッパとチーズとの競合

タシガンでの調査2日目は、リッキーさんに代わり同じホテル従業員のチョニーさんが調査に同行してくれた。しかし、彼女はリビ・イッパの生産現場を知らなかったので、我々は彼女の友人や親戚の伝手をたどりながらリビ・イッパを探した。

幾つかの村を巡って納豆を探したが見つからず、ようやく辿り着いたのが、タシガンから約15キロメートル北に位置するラムジェー郡タゾン村であった。リビ・イッパをつくっていたのは、大豆を自給しているディジェンさん（67歳）とその娘のナムジェさん（40歳）である。彼女らは、ビニール袋ではなく洗面器のような器にバナナの葉を敷いて煮豆を発酵させていた。3〜4日間ほど暖かい場所で寝かせた後のリビ・イッパを石臼で搗いて、プラスチックの瓶で熟成させる。2カ月前につくったリビ・イッパを見せてもらうと、見た目はアルナーチャルの納豆とほと

写真20　ディジェンさんの2カ月間熟成させたリビ・イッパ。2016年10月、タシガン県

んど同じ形状であった（写真20）。臭いは強烈であったが、味はビニール袋でつくったリビ・イッパとは明らかに違って、酸味がなく枯草菌で発酵させた納豆の味がした。リビ・イッパは、エゼをつくる時にショウガ、ネギ、塩、山椒、トウガラシと一緒に混ぜて使っている。

この村では、ほとんどの世帯でダイズを栽培しているが、現在リビ・イッパをつくっているのは、ディジェンさんの世帯だけらしい。その理由を尋ねると、臭いので身体に悪いとか、リビ・イッパを食べた子供が学校で臭いと言われたりするなど、リビ・イッパが良くない食べ物だと思われているからだと言う。そして、ディジェンさんも子供たちにリビ・イッパを食べさせるべきかどうか迷っている。リビ・イッパを忌避する風潮は、2005年頃から顕著になったらしい。私は臭いという理由でリビ・イッパの利用が廃れるのは非常に残念なので、リビ・イッパは決して身体に悪い食べ物ではなく、その反対に非常に身体に良い食べ物だと説明した。

ダイズを栽培する世帯は、大豆を売ったお金でアルナー

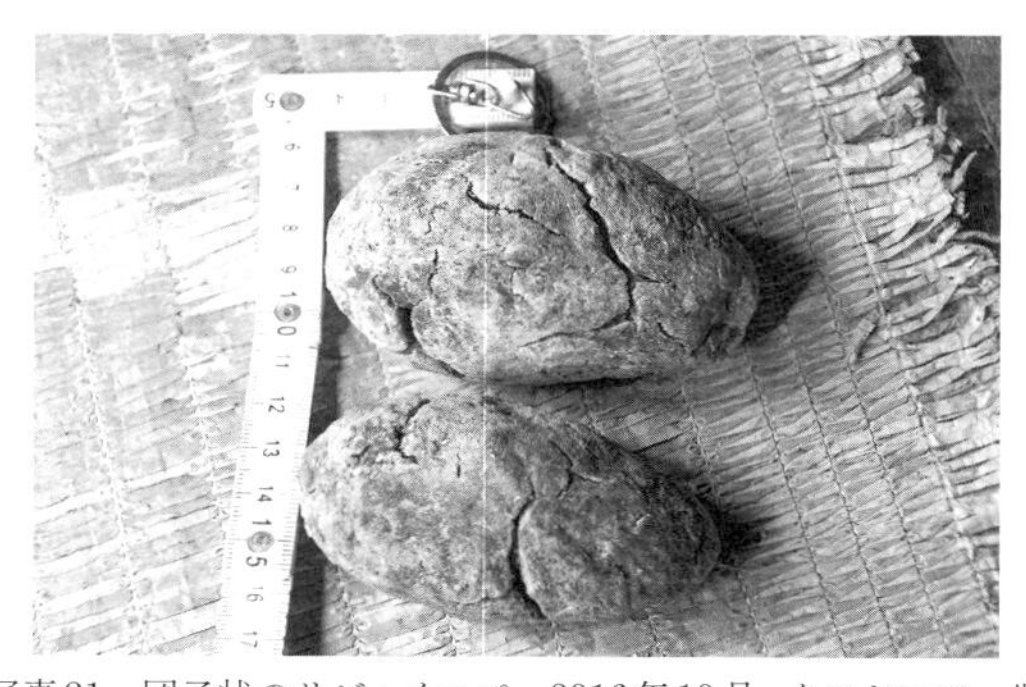

写真21　団子状のリビ・イッパ。2016年10月、タシヤンツェ県

チャルとの国境域のメラックやサクテンの牧畜民が生産するヤクの乳のチーズ「ブロックパ・イッパ[*]」を買い、それを調味料として使っている。ディジェンさんの記憶では、村に牧畜民がブロックパ・イッパを売りに来るようになったのは、娘のナムジェさんがまだ小さかった1980年ぐらいであった。昔は、年に1回売りに来るぐらいの頻度であったが、今では月に1回は売りに来ている。そのような中でも、ディジェンさんの家でリビ・イッパをつくり続けているのは、リビ・イッパを調味料として使うのが当たり前になっていて、しかも彼女自身がリビ・イッパを好きだからだと言う。リビ・イッパをチーズの代替としてではなく、調味料として必要だと考えているのである。

団子状のリビ・イッパ

ブータン東部での調査最終日は、タシガン県の北に位置するタシヤンツェ県まで足をのばした。ブータンに来る前に、ヤクランドの久保さんから、タシヤンツェ県ヤラン郡にリビ・イッパがあることを教えてもらっていたからである。しかし、どこで納豆をつくっているのかわからないため、ヤラン郡では見かけた人に手当たり次第に尋ねて、ようやく納豆をつくっている家を見つけることができた。

リビ・イッパの生産者は、ヤラン村のナクゥさん(63歳)で、ダイズも自ら栽培している。彼がつくるリビ・イッパは、中国徳宏の乾豆豉のような団子状である(写真21)。そのつくり方は、これまでのリビ・イッパとは少しだけ異なっていた。まず、回転式の挽き石臼で大豆を軽く砕いてからダイズを茹でる。そして茹でた大豆をビニール袋に入れて口を閉めて、3日間ほど発酵させる。ビニール袋を使う方法はブータン東部の他地域と同じである。その後、石臼と杵で叩き潰し、1日天日乾燥してから、手に付着しないように小麦粉をつけながら形を整え、風通しの良い屋根裏で2~3カ月かけて乾燥させる(はじめに写真5)。リビ・イッパを潰す時には、トウガラシ、塩、ショウガ、山椒、ニンニクを混ぜ合わせる。

団子状のリビ・イッパは、薄く切って調味料として使っていた。中国徳宏の乾豆豉と同じような利用方法である。また、リビ・イッパは労働交換で農作業を手伝ってくれた人へのお礼として渡しており、贈与物としての役割も担っていた。彼の家では料理にリビ・イッパを加えるとチー

＊——ブロックパとは、メラックとサクテンに住む牧畜民の名称で、チベットから移住してきたとされている。ブータン国境を越えたアルナーチャルにも一部居住している。

ズだけの味とは違った味になるので、昔からリビ・イッパを調味料として使っている。ただし、リビ・イッパは料理に不可欠な調味料という位置付けではないらしい。チーズとリビ・イッパは別物で、それぞれに特徴があると言う。

ナクゥさんによると、子供が高校生ぐらいになると、リビ・イッパは臭いからといって食べなくなると言う。リッキーさんの実家やタゾン村でも聞いた語りである。しかし、首都ティンプーで働いている子供たちが里帰りすると、リビ・イッパを持って帰るらしく、「一時は食べなくなるが、結局、その味が懐かしくなって食べたくなるようだ」と言って笑っていた。リビ・イッパは、ブータン東部の人々にとって、不可欠なものではないかもしれないが、なければ食べたくなるような調味料なのだろう。

ヒマラヤ納豆の多様性と変化

本章では、最初にネパール系、次いでチベット系のヒマラヤ納豆を紹介したが、隣接する2地域でつくられる納豆は、調味料として利用されていること以外は、ほとんど共通性が見られない。乾燥させて干し納豆に加工し、もっぱらダルに入れられるネパール系のキネマに対して、さまざまな料理の調味料として利用されるのがチベット系の熟成納豆である。

しかし近年、チベット系の納豆には大きな変化が訪れているようだ。かつては貴重品であった

写真22　メラック地方で生産されたヤクのチーズ「ブロックパ・イッパ」。2016年10月、タシガン県

メラックやサクテンなどの牧畜民がヤクやゾム*の乳でつくる熟成チーズのブロックパ・イッパは、物々交換でしか入手できなかったが[†11]、現在は自動車が普及し、各地で売られるようになり、容易に入手できるようになった。牧畜民がつくるチーズは濃厚で人々に好まれている。写真22は、タシガン県西部ラディ郡ランジュンの食料品店で売られていたウシの皮に包まれたブロックパ・イッパで、書かれている数字は値段である。現地通貨の730ヌルタムは、日本円に換算すると約1、000円程だが、現地の物価ではかなりの高額である。聞き取りでは、一般家庭では1年に1個ぐらいブロックパ・イッパを消費しているらしいが、それは高価なので、牛の乳でつくったチーズに混ぜて使ったりしているらしい。ラディでブロックパ・イッパを売る店の人は、「かつてはみんなリビ・イッパをつくっていたが、今はメラックのブロックパ・イッパが簡単に入手できるようになったので、ダイズを栽培

*——ゾムとは、ヤクとウシの交雑種である。

してリビ・イッパをつくる人がいなくなった」と述べる。農耕民が家で数頭だけ飼育する牛からつくるチーズとリビ・イッパは共存できるが、美味しいブロックパ・イッパが大量に流通するとチーズとリビ・イッパの共存関係が崩れていくのかもしれない。

09

カビで発酵させる納豆

かつて高級な調味料であった「豉」は、「塩辛納豆」と呼ばれ、現在でも細々と日本でつくられている。糸引き納豆も塩辛納豆も、ダイズを原料としている点は同じであるが、糸引き納豆は枯草菌、塩辛納豆はコウジカビで発酵させた発酵大豆で、つくり方も菌の種類もまったく違う。そして、カビで発酵させた発酵大豆には、日本でも知られているインドネシアの「テンペ」が含まれる。クモノスカビで発酵させたテンペは、インドネシアの納豆と呼ばれることもある。カビで大豆を発酵させた塩辛納豆とテンペの2つの発酵大豆と、枯草菌で大豆を発酵させた納豆を比較してみたい。

塩辛納豆（豉）とは何か

塩辛納豆は、蒸したり茹でたりした大豆をコウジカビで発酵させた後、塩水に浸してから乾燥させた食品である（写真1）。コウジカビを用いた納豆として、東北地方に伝わる塩麹納豆を第6章で紹介したが、それは納豆菌で発酵させたひき割り納豆をつくった後に、塩と米麹で追加発酵させたものである。したがって、コウジカビだけで発酵させる塩辛納豆は、これまで紹介した納豆とは異なる「納豆ではない納豆」である。日本では、枯草菌で発酵させた糸引き納豆も、コウジカビで発酵させた塩辛納豆も同じく「納豆」と呼ばれているので、混同されることが多かった。

塩辛納豆の起源は中国とされる。中国では、大豆を微生物によって発酵させてつくった調味食品を「豉」と総称し、コウジカビを用いて無塩発酵させたものを「淡豉」、そして加塩発酵させたものを「鹹豉」と分けている。さらに、四川省ではケカビ（*Mucor*属）を用いて発酵させた潼川豆豉、永川豆豉などの豉もつくられている。[†1] これらのうち、日本には奈良時代に鹹豉が入ってきた。唐僧の鑑真（688～763年）が来朝の際に経典とともに、甜豉（鹹豉）を持ち込んだことが、鑑真の伝記である『唐大和上東征伝』（779年）に記されている。[†2] そして、コウジカビで発酵させた鹹豉が日本で塩辛納豆と呼ばれるようになった。

飛鳥時代に仏教が伝来し、動物の殺生が禁じられると、植物タンパク質が豊富な大豆加工食品

写真1　ヤマヤ醤油の浜納豆（塩辛納豆）

の塩辛納豆が豆腐などと共に禅寺を中心に伝わった。塩辛納豆は禅寺の倉庫である納所（なっしょ）でつくられていたので、「納豆」と呼ばれるようになったとの由来が「本朝食鑑（ほんちょうしょっかん）」（1697年）に記されている。[†3]

コウジカビと枯草菌

糸引き納豆も「納豆」と呼ばれているが、寺の納所で塩辛納豆と共につくられていたとは思えない。なぜなら、糸引き納豆をつくるための枯草菌は、コウジカビでつくる塩辛納豆にとって天敵となるからである。

麹づくりにおいて、もっとも避けなければならないことは、空気中に飛散している常在細菌である枯草菌に汚染されてしまうことである。枯草菌は芽胞を形成し、さまざまなストレスに対して耐久性を有している。麹をつくる職人は、こうした枯草菌の特徴を古くから経験上認識していたようで、明治時代の記録によると、溜（たまり）味噌をつくる生産者は、大豆の蒸煮を2度行っていた。[†4] これは、休眠中の枯草菌の芽胞を発芽させるために一度熱を加えて放置し、芽胞が発芽した後に再度加熱することにより枯草菌を滅菌させる方法である。現在行われている「間欠滅菌」とか「間断殺菌」と呼ばれる処理と同じことをしていた。また、麹をつくる季節や温度にも気を使っており、30℃以上になる夏季は枯草菌による汚染が著しいため、麹の仕込みは冬や春の始めに行っていた。[†5] 麹づくりには、さまざまなノウハウが存在していたことがわかる。したがって、塩辛納豆と糸引き納豆を同じ納所でつくることは、現実には難しかったであろう。

コウジカビで発酵させた塩辛納豆と枯草菌で発酵させた糸引き納豆は、発酵させる微生物も生産のプロセスもまったく違う発酵大豆である。にもかかわらず、日本では共に納豆と呼ばれてきたことが不思議である。塩辛納豆をつくる過程では枯草菌に汚染されないように努力し、一方の糸引き納豆をつくる過程では積極的に枯草菌をつける努力をしてきた。塩辛納豆と糸引き納豆の2つの納豆における、発酵と腐敗の線引きは、それぞれの生産者の立場によって異なるのである。

塩辛納豆（豉）の衰退

塩辛納豆は、かつて高級な調味料とされ、醬と共に重宝された（第5章）。醬は室町時代後期から江戸時代に、醬油や味噌へと発展し、ほぼ消滅したが、塩辛納豆も同じく消滅の道を辿ることになる。江戸時代に記された『和漢三才図会』には、塩辛納豆が調味料として用いられなくなったことが記されている。

思うに、豉は食事には常に用いて五味を調和させるものである。わが国でも昔これを用いていた。現今では未噌(みそ)を用いて豉を用いず、醤油を用いて豉汁を用いない。[†6]

当時の五味とは、酸味、苦味、甘味、辛味、塩味である。江戸時代になると味噌と醤油が庶民に使われるようになったため、かつて調味料として重宝されていた豉が使われなくなった。記録として残っているのが、江戸時代の文献であるが、それ以前から調味料としての利用は衰退していたのかもしれない。

塩辛納豆は、かつては京都や奈良を初めとする各地の禅寺でつくられていたが、現在では京都府京都市の大徳寺とその周辺、京都府京田辺市の一休寺、また静岡県浜松市の大福寺でしかつくられていない。[*]浜松では、明治初年にヤマヤ醤油が大福寺の浜名納豆を改良し、「浜納豆」と称して生産を開始したことで、全国に「浜納豆」が知られるようになった。[†7]現在、日本における塩辛納豆は、一部の禅寺と企業が細々生産している状況である。

*――最近まで浜松市の法林寺でも法林寺納豆と称される塩辛納豆がつくられていたが2016年を最後にその生産が中止された。

写真2 「大徳寺納豆　本家磯田」の磯田佳宏さん。2019年7月、京都市

連綿と継承される大徳寺納豆

塩辛納豆はどのように引き継がれてきたのだろうか。２０１９年７月に京都で大徳寺納豆を生産する「大徳寺納豆　本家磯田」を訪ねて、磯田佳宏さん（52歳）から話を伺った（写真２）。

磯田さんの先祖は、播磨国の武士で、大徳寺を開創した宗峰妙超（１２８２〜１３３７年）と共に京都に移住したと伝えられている。現在の佳宏さんが18代目となる。京都でも有数の規模を誇る禅宗寺院の大徳寺では、「一休さん」として有名な一休宗純が大徳寺で修行した際に塩辛納豆をつくり始めたとの言い伝えが残っており、それが大徳寺納豆として現在にまで受け継がれている。しかし、実際に一般の人々が入手可能な大徳寺納豆は、大徳寺でつくられた塩辛納豆ではなく、そのつくり方を継承した寺の外でつくられているものである。

磯田さんによると、２０１９年の時点で４軒が大徳寺納豆の名で塩辛納豆を生産販売している。

何百年も続く大徳寺納豆であるが、「大徳寺納豆 本家磯田」がそれを本格的に生業としたのは戦後の祖母の代である。戦前まで、京都市内の御池の街道筋で帯屋を営んでおり、呉服に関係するものを中心にして、塩辛納豆を含めてさまざまなものを売っていた。

自然の菌だけでつくられる大徳寺納豆

大徳寺納豆の製法は、糸引き納豆とはまったく違う職人芸のようなプロセスでつくられていた(図1)。茹でた大豆とはったい粉*を混ぜてカビを付けて発酵させた後に塩水を混ぜて「もろみ」に加工し、その後、天日で干しながら熟成させると完成となる。しかし、図1の説明だけでは大徳寺納豆をつくる苦労をまったく伝えることができない。全てのプロセスが手作業であることに加え、原料の選定にも苦労が見られた。たとえば、原料の国産大豆が毎年安定して入手できないので、入手できた大豆に応じてプロセスを微妙に変えると言う。現在使っている大豆は、宮城県産の「ミヤギシロメ」であるが、良い原料を集めたからといって、良い大徳寺納豆ができるわけではないらしい。大豆以外にも、先代はハトムギ混じりのはったい粉を使用していたが、現在は

*——はったい粉は、大麦やハダカムギを炒って石臼などで挽いた粉の総称。

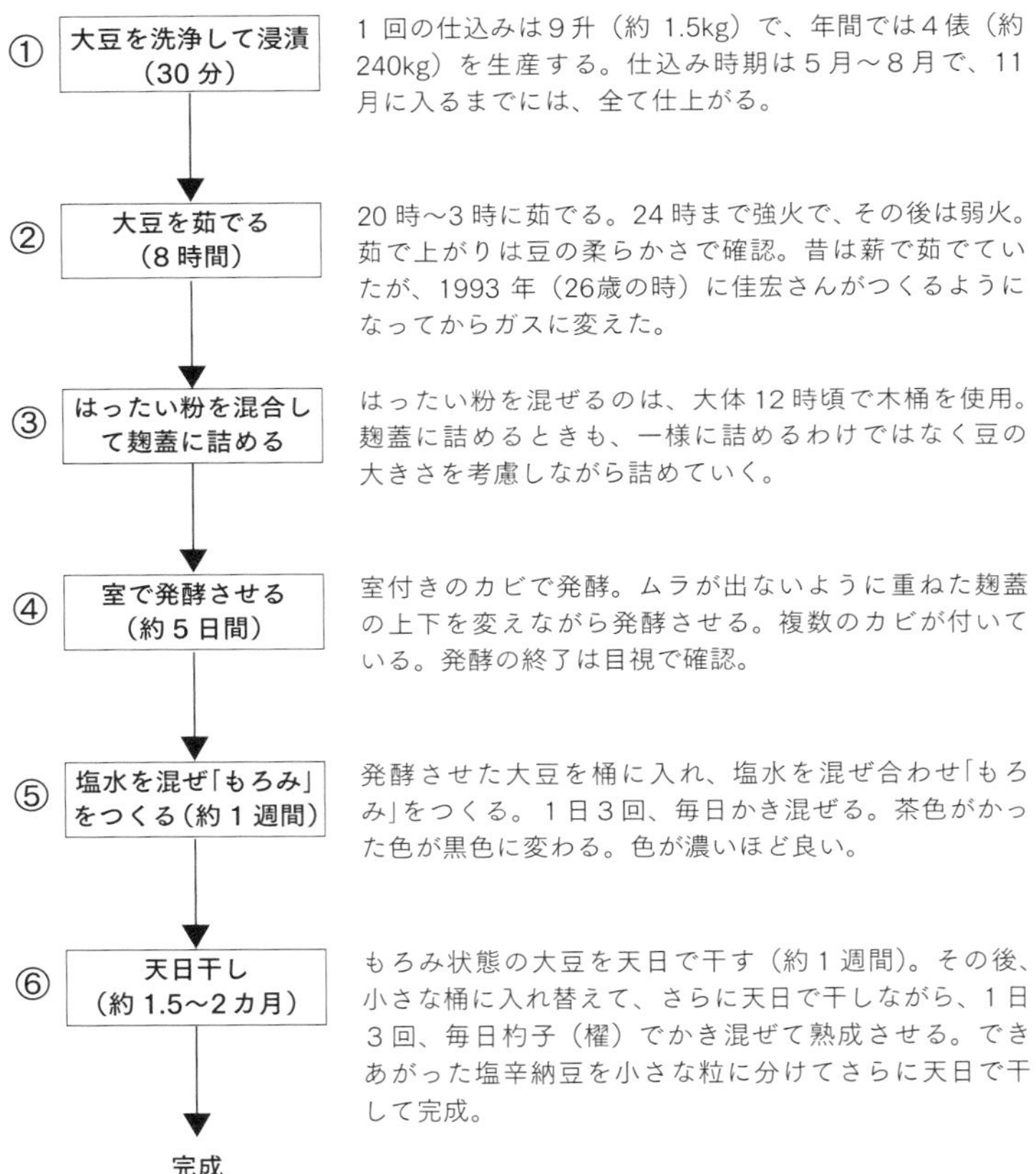

①
大豆を洗浄して浸漬（30分）
1回の仕込みは9升（約1.5kg）で、年間では4俵（約240kg）を生産する。仕込み時期は5月～8月で、11月に入るまでには、全て仕上がる。
②
大豆を茹でる（8時間）
20時～3時に茹でる。24時まで強火で、その後は弱火。茹で上がりは豆の柔らかさで確認。昔は薪で茹でていたが、1993年（26歳の時）に佳宏さんがつくるようになってからガスに変えた。
③
はったい粉を混合して麹蓋に詰める
はったい粉を混ぜるのは、大体12時頃で木桶を使用。麹蓋に詰めるときも、一様に詰めるわけではなく豆の大きさを考慮しながら詰めていく。
④
室で発酵させる（約5日間）
室付きのカビで発酵。ムラが出ないように重ねた麹蓋の上下を変えながら発酵させる。複数のカビが付いている。発酵の終了は目視で確認。
⑤
塩水を混ぜ「もろみ」をつくる（約1週間）
発酵させた大豆を桶に入れ、塩水を混ぜ合わせ「もろみ」をつくる。1日3回、毎日かき混ぜる。茶色がかった色が黒色に変わる。色が濃いほど良い。
⑥
天日干し（約1.5～2カ月）
もろみ状態の大豆を天日で干す（約1週間）。その後、小さな桶に入れ替えて、さらに天日で干しながら、1日3回、毎日杓子（櫂）でかき混ぜて熟成させる。できあがった塩辛納豆を小さな粒に分けてさらに天日で干して完成。
完成

図1　「大徳寺納豆　本家磯田」における大徳寺納豆の生産プロセス

出典：磯田佳宏（2013）「麹蓋製麹法の大徳寺納豆：京都府・大徳寺納豆　本家磯田」農山漁村文化協会編『地域食材大百科第10巻こうじ、味噌、醤油、納豆、テンペ』農山漁村文化協会、351–355頁をもとに筆者加筆

大麦だけのはったい粉を使っているといった具合に、製法の変更で対応できない場合には原料を変更している。最終的に完成する味のバランスが大事なのだと言う。

　大徳寺納豆の製法で重要なのが、発酵の工程③と④である。その工程において、室に付いている自然の菌だけで煮豆にカビを付けていることが大徳寺納豆の特徴である。日本には、醤油、味噌、清酒や酢など、コウジカビを用いた発酵食品が数多く生産されているが、普通は種麹（たねこうじ）を種麹屋（もやし屋）から購入したものを使っている。種麹は、味噌・醤油用、酒造用、焼酎用など、用途によって異なる。現在、大福寺とヤマヤ醤油でつくられている浜納豆も発酵時に種麹をふりかけている。[†8] 発酵食品の生産プロセスで最も重要な発酵の工程においては、製品の品質を一定に保つために、意図する菌が発酵を支配するように市販の種麹を使うのが普通である。しかし、種菌を使っても浜納豆の微生物分析結果では、発酵を支配するコウジカビ以外にさまざまな細菌やカビが検出されており、[†9] 塩辛納豆の生産では発酵を完全に制御することは難しい。

「大徳寺納豆 本家磯田」では、種麹をふりかけずに、室付きの自然の菌だけで煮豆を発酵させているので、発酵の制御が難しい。煮豆を室の土間で発酵させる5日間の工程④は、最も重要な生産プロセスである（写真3）。室を30℃ぐらいで湿度70〜80％程度に保つために、その日の天候を見ながら、室の環境を加湿器で調整し、コウジカビの発育を見ながら麹蓋の上下を変える。

　こうして発酵させた煮豆には、びっしりとカビが生える。残念ながら、調査の時には、カビが生えている状態を見ることができなかったが、磯田さんによると、できあがりの状態で、黒、灰

写真3　大徳寺納豆を発酵させる室の土間。奥に重ねてあるのが、煮豆を発酵させる容器「麹蓋」である。2019年7月、京都市

色、白などの複数の色のカビが生えていると言う。もちろん、さまざまな種類のカビがあっても、カビの生え方で正しく発酵されているかどうかを判断するための基準は代々受け継がれている。そこが職人技である。

大徳寺納豆は、コウジカビだけでなく、さまざまなカビが付くことで、独特の風味を醸し出しているのであろう。磯田さんから聞いた話では、かつて室を掃除したら麹のあがり（発酵）が悪くなったことがあったらしい。それ以降、室に棲みついている菌叢を大きく変えるような大がかりな掃除をするのはやめたと言う。

カビを付けて発酵させた後は、塩水を混ぜて「もろみ」をつくって、室の中で1週間、毎日3回かき混ぜながら熟成させる工程⑤に移る。大豆の色が茶色から黒色に変わっていく（写真4）。その後、天日干しの熟成工程⑥になる。毎日、杓子（櫂(かい)）でかき混ぜて、均等に大豆を熟成させる（写真5）。しかし、この作業は気候との闘いである。日照りが続くと、上層部の大豆だけがすぐに熟成し、雨が続くと混ぜることができずに仕上がりにムラが生じる。味噌のように何年も熟成させる発酵大豆と違って、2カ月の短期間熟成で製品の善し悪しが決まる大徳寺納豆は、日々の生産管理ができ具合に大きく影響される。

アジア納豆のような大徳寺納豆

「大徳寺納豆 本家磯田」で見た大徳寺納豆の生産は、工業化された糸引き納豆の生産とはまっ

写真4 カビを付けて発酵させた後に塩水を混ぜた「もろみ」。2019年7月、京都市

写真5 天日干しによる大徳寺納豆の熟成。2019年7月、京都市

たく異なっていた。現在の日本において、室付きの自然の菌だけで、しかも日々の気候を気にしながら生産する発酵大豆が残っているとは思っていなかった。私は職人芸的な大徳寺納豆の生産プロセスが何百年も受け継がれていることに感動すら覚えた。

磯田さんは、「変化する要素がありすぎて、何が悪いのか絞りきれない。与えられた環境で、いかにつくるのかが大事です。天気と闘っても勝てないので、雨でも晴れでも、ありがたいという気持ちを持ってつくっています。要するに修行ですね……」と述べる。大徳寺納豆の生産が修行のようだと言いながら、私にはコントロールできない自然を相手に納得のいく大徳寺納豆をつくることを楽しんでいるようにも思えた。アジア納豆の生産もまったくマニュアル化されておらず、生産者が日々の努力で、少しでも美味しいものをつくるために菌の供給源となる植物を選択したり、道具やプロセスを改善したりしており、大徳寺納豆の生産はアジア納豆のようである。

大徳寺納豆は「五味を有す」と磯田さんは言う。それは、「食べる」ものではなく「味わう」もので、口に一粒含めば、酸味、苦味、甘味、辛味、塩味の五味を味わうことができる。現在、塩辛納豆は、ご飯やお粥に添えたり、お酒のつまみとするのが通常の食べ方であるが、お茶漬けにしたり、味噌汁に入れたり、炒め物や和え物などに混ぜるなど、調味料的に利用することもできる。「大徳寺納豆 本家磯田」では、大徳寺納豆を混ぜた干菓子(ひがし)を販売しており、その利用は、糸引き納豆よりも多様である。現在、ほとんど忘れ去られてしまった塩辛納豆だが、伝統的な和食として、これからも後世に伝えていきたい発酵大豆である。

カビでつくる納豆「テンペ」

塩辛納豆以外に枯草菌ではなくカビで大豆を発酵させた食品として、インドネシアのジャワ島でつくられている「テンペ」が知られている。大豆の発酵に使われるのは、クモノスカビ（*Rhizopus*属）である。テンペは、カビで固められた形状で、糸引きも臭いもなく、淡白な味の発酵大豆である（はじめに写真3）。インドネシアでは、そのまま食べることはなく、油で揚げたり、炒めたりして調理するのが一般的である。

テンペの起源は特定されていないが、数百年前に中部ジャワあたりで発祥し、最初に文献に登場したのは1815年に刊行されたジャワの歴史書『Serat Centhini』だとされる。[†10] その後、ジャワ人がインドネシア各地に移住する過程で、テンペもその先々に持ち込まれ、インドネシア各地に広まった。

テンペはインドネシア以外でも健康食品として注目されており、日本や欧米でも販売されているので栄養学の分野では多くの研究が蓄積されている。しかし、インドネシアでのテンペ生産と流通、および生産者に関する研究はほとんど行われていない。そこで、2018年3月に、インドネシアのガジャマダ大学の協力を得て、中部ジャワ・ジョグジャカルタ特別州とバントゥル県イモギリ郡の市場5カ所（Kolombo, Kranggan, Sentul, Imogili, Siluk）とテンペ生産現場6カ所を調査した。また、世界各地で酒や発酵食品の研究を実施した吉田集而による1980年代のインドネシアのテンペ生産の報告[†11]をもとに、当時のテンペの生産と現在の生産を比較してみたい。

ジョグジャカルタのテンペ生産

市場では、プラスチックの袋に包まれたテンペ、バナナの葉で包まれたテンペ、おからを原料としたテンペ・ゲンブス（Tempe Gembus）、薄く平たくした大豆をバナナの葉で包んで発酵させたテンペ・メンドアン（Tempe Mendoan）、原料がダイズではなくライマメ（*Phaseolus lunatus*）でつくられたテンペ・コロ（Tempe Koro）など、さまざまなテンペが販売されていた（写真6）。吉田集而によると、ジャワでは12種ものマメでテンペがつくられているとされているが[†12]、市場調査で確認できたのは、ダイズとライマメのテンペだけであった。ただし、市場での聞き取りでは、ハッショウマメ（*Mucuna pruriens*）を原料としたテンペ・ベングク（Tempe Benguk）もあると言っていた。

調査を実施した6名のテンペ生産者のつくり方を表1にまとめた。おからを原料とするテンペ・ゲンブスをつくるニナさん（25歳）以外は、大豆を茹でて、種皮を除去し、カビを接種して発酵させる基本的な生産プロセスは同じであった。また、ライマメでつくるテンペ・コロの生産も大豆のテンペとほとんど同じで、洗浄の工程⑧が追加されているだけであった。

ここで注目したいのは、クモノスカビを接種する工程⑪である。ジョグジャカルタの全てのテ

写真6　ジョグジャカルタの市場で売られているさまざまなテンペ。2018年3月、ジョグジャカルタ特別州ジョグジャカルタ市およびバントゥル県イモギリ郡

①プラスチックで発酵させたテンペ（4,000ルピア）②おからを発酵させたテンペ・ゲンブス（500ルピア）③バナナの葉で発酵させた小さな包みのテンペ（10個で3,000ルピア）④大豆ではなく、ライマメを発酵させたテンペ・コロ（1,000ルピア）⑤Mendoanと書かれている（4,000ルピア）⑥複数枚の薄く平たくした大豆をバナナの葉で包んで発酵させたテンペ・メンドアン

ンペ生産者は、市販されているテンペ用の種菌「ラギ・テンペ（Ragi Tempe）」を使用していた（写真7）。かつて、インドネシアのテンペは、ワル（Waru）と呼ばれるオオハマボウ（*Hibiscus tiliaceus*）やジャティ（Jati）と呼ばれるチークの葉に付着するクモノスカビを使って煮豆を発酵させていた。[†13] しかし、ジョグジャカルタでは、すでに植物の葉を使ったテンペの生産は行われていなかった。

大規模生産者のムチラーさん（63歳）は、1980年代中盤にオオハマボウから市販のラギ・テンペに切り替えた。また、中規模生産者のブディさん（46歳）は、1996年に生産を始めた時からラギを使ってテンペをつくっていた。同じく中規模生産者のイブさん（41歳）の場合、父はオオハマボウを使ってテンペをつくっていたが、イブさんが中学生

表1　ジョグジャカルタにおけるテンペの生産（2018年）

種類 生産者 プロセス	テンペ					テンペ・ コロ	テンペ・ ゲンブス
	ムチラー 2.0-2.5t/日	ポニア 15kg/日	ブディ 400kg/日	イブ 100kg/日	スギイェム 15kg/日	スギイェム 15kg/日	ニナ 6バケツ/日
① 浸漬	5時間	4時間	5時間	5時間	11時間	11時間	—
② 茹でる1	35分	1時間	50分	30分	1時間	1時間	1時間 ***
③ 種皮除去	×	×	×	○	×	×	—
④ 浸漬	15時間	13時間	1晩	20時間	8時間	8時間	—
⑤ 種皮除去	○	○	○	×	○	○ **	—
⑥ 洗浄	○	×	○	○	○	○	—
⑦ 浸漬	×	×	×	×	1晩	1晩	—
⑧ 洗浄	×	×	×	×	×	○	—
⑨ 茹でる2	50分	×	50分	1時間	1時間	1時間	—
⑩ 冷却	○	○	○	○	○	○	○
⑪ カビ接種	○	○	○	○	○	○	○
⑫ 袋詰め *	P	B	P	P	B	B	P
⑬ 発酵	36時間	2晩	2晩	2晩	24時間	24時間	2晩

＊P：プラスチック　B：バナナの葉と紙　＊＊他の業者に依頼　＊＊＊蒸す

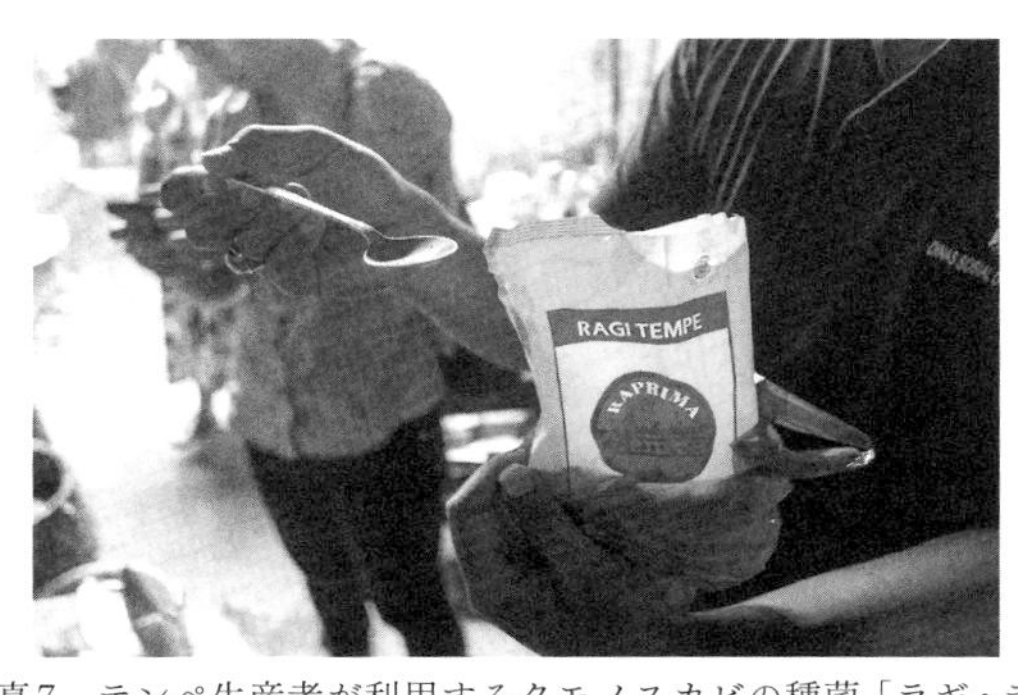

写真7　テンペ生産者が利用するクモノスカビの種菌「ラギ・テンペ」。2018年3月、ジョグジャカルタ特別州スレマン県デポック郡

だった1990年頃に、オオハマボウからラギ・テンペに変更したと言う。そして、小規模生産者のポニアさん（71歳）とスギイェムさん（53歳）は、1990年代中頃にオオハマボウから市販のラギ・テンペに切り替えた。

菌の供給源が植物のオオハマボウから市販のラギ・テンペに変わった時期は、生産者によって異なるが、ジョグジャカルタでは1980年代中頃から90年代中頃の約10年の間に切り替わったと考えられる。ただし、オオハマボウの葉を使用していた時も、アジア納豆のように生産者が植物の葉を採取していたわけではなく、葉は市場で購入していたと言う。私が調査を行った2018年には、どの市場でもオオハマボウの葉は販売されていなかった。

生産者によるテンペの生産プロセスの違い

テンペの生産は、表1に示したように生産者の規模によって生産プロセスに多少の違いが生じていた。たとえば、大規模生産者のムチラーさんは、前工程⑪までを自宅に併設する大きな工場で行い（写真8）、その後の袋詰め⑫と発酵⑬の工程は別工場で行っていた（写真9）。１９８０年からテンペを生産し始めたムチラーさんは、今ではジョグジャカルタで最大規模のテンペ生産者となり、10名の従業員を雇っている。また、４００キログラム／日のテンペを生産する中規模生産者のブディさんの工場では、ブディさん夫妻以外に労働者3名が働いていた。

一方、15キログラム／日のテンペを生産する小規模生産者のポニアさんは、テンペの生産はほとんど夫ひとりで行っていた。夫がダイズの種皮を足で踏みながら除去する工程⑤を朝4時に始めると、妻は市場にテンペを売りに行く。夫は種皮除去を終えて大豆を冷ました後に、ラギを接種した煮豆をバナナの葉に包む工程⑫を朝6時頃から始める（写真10）。市場でテンペを売る妻は、朝10時に家に戻ってくると、夫が行うバナナの葉に煮豆を包む工程⑫を手伝う。その作業は13時まで続く。朝4時から昼過ぎ13時まで、9時間かけてポニアさんはテンペの生産と販売を夫婦だけでこなしている。生産プロセスを見ると、ポニアさんだけがほかの生産者が行っている2回目の大豆を茹でる工程⑨を省いていた。

中規模生産者のブディさんも燃料コストを抑えるために、大豆を茹でる工程を1回だけにすることがあると述べる。大豆を茹でる回数を1回にしても2回にしても、テンペの味そのものは変わらないが、賞味期限が変わるらしい。大豆を1回しか茹でないテンペは日持ちが悪く1～2日しか持たないが、2回茹でたテンペは4~5日は持つと言う。なぜ、そのような差が生じるのか、分析を行っていないのでわからない。したがって、燃料の薪が不足しない限り、必ず大豆を2回茹でる。生産工程は、労働力に大きく規定され、さらに燃料コストによって決まっている。ポニアさんの場合、大豆を2回茹でると夫婦だけでテンペを生産販売することができなくなる。

生産者の規模によるテンペ生産プロセスの違いは、発酵時に使う材料の違いからもわかる。表1に示すように、中・大規模生産者は、自らのブランド名がプリントされたプラスチックの袋を用いて発酵を行う。プラスチックの袋には通気用の穴が開いていて、袋の大きさは生産者によっ

写真8　大規模生産者ムチラーさんのテンペ生産の前工程を行う工場。2018年3月、ジョグジャカルタ特別州バントゥル県カシハン郡

写真9　大規模生産者ムチラーさんのテンペ生産の後工程を行う工場。2018年3月、ジョグジャカルタ特別州スレマン県デポック郡

写真10　小規模生産者ポニアさんの夫が自宅でバナナの葉で煮豆を包む。2018年3月、ジョグジャカルタ特別州スレマン県デポック郡

てさまざまである。たとえば、大規模生産者のムチラーさんは、200グラム、600グラム、800グラムの3種類、中規模生産者のイブさんは、200グラム、350グラム、450グラムの3種類の袋を使い分けていた。

中・大規模生産者の工場では、煮豆にラギ・テンペをふりかけて袋に詰めた後は、工場内の棚に並べて発酵させる（写真11）。しかし、小規模生産者は、写真10に示したようにバナナの葉と紙（古紙）を用いて煮豆を発酵させており、バナナに包んだ後は、カゴに入れて発酵させるので、棚のような設備はない。利用するバナナの葉は市場で売られており、ポニアさんは毎日60枚のバナナの葉を購入している。

テンペの食べ頃

テンペは、市場では常温で売られている。テンペの賞味期限は短く、すぐに発酵が進み、食べ頃を過ぎると大豆が黒く変色して味が落ちてしまう。テンペが1日で、どのぐらい発酵が進むのか、調査中に確かめてみた。2018年3月7日（水）に「RABU（水曜日）」のラベルが付いている右側のテンペAと「KAMIS（木曜日）」のラベルが付いている左側のテンペBを市場で購入した（写真12）。購入した日の状態とその翌日の状態を写真13に示す。「RABU（水曜日）」のテンペAは、購入した水曜日は食べ頃であったが、翌日には発酵が進んで豆が黒くなってしまった。「ＫＡＭＩＳ（木曜日）」のテンペＢは、購入した日は、まだカビがあまり生育していなかったが、翌日にはちょうど食べ頃になった。

常温ですぐに発酵が進むテンペにとって、発酵時間は非常に重要だと考えられるが、表１に示したように、各生産者の発酵時間は、24時間、36時間、48時間（2晩）とバラバラであった。ジョグジャカルタの生産者は、食べ頃をパッケージに表示することで、消費者に情報を提供していたのである。パッケージに食べ頃が記されていない場合は、消費者はテンペを購入する時に小売人に食べ頃を尋ねる。特にバナナの葉に包まれたテンペは、中身が見えないので、消費者は必ず食

写真11　中規模生産者ブディさんの工場内のテンペ発酵用の棚。2018年3月、ジョグジャカルタ特別州バントゥル県カシハン郡

写真12　食べる曜日を表示して売られているテンペ。2018年3月、ジョグジャカルタ特別州スレマン県デポック郡

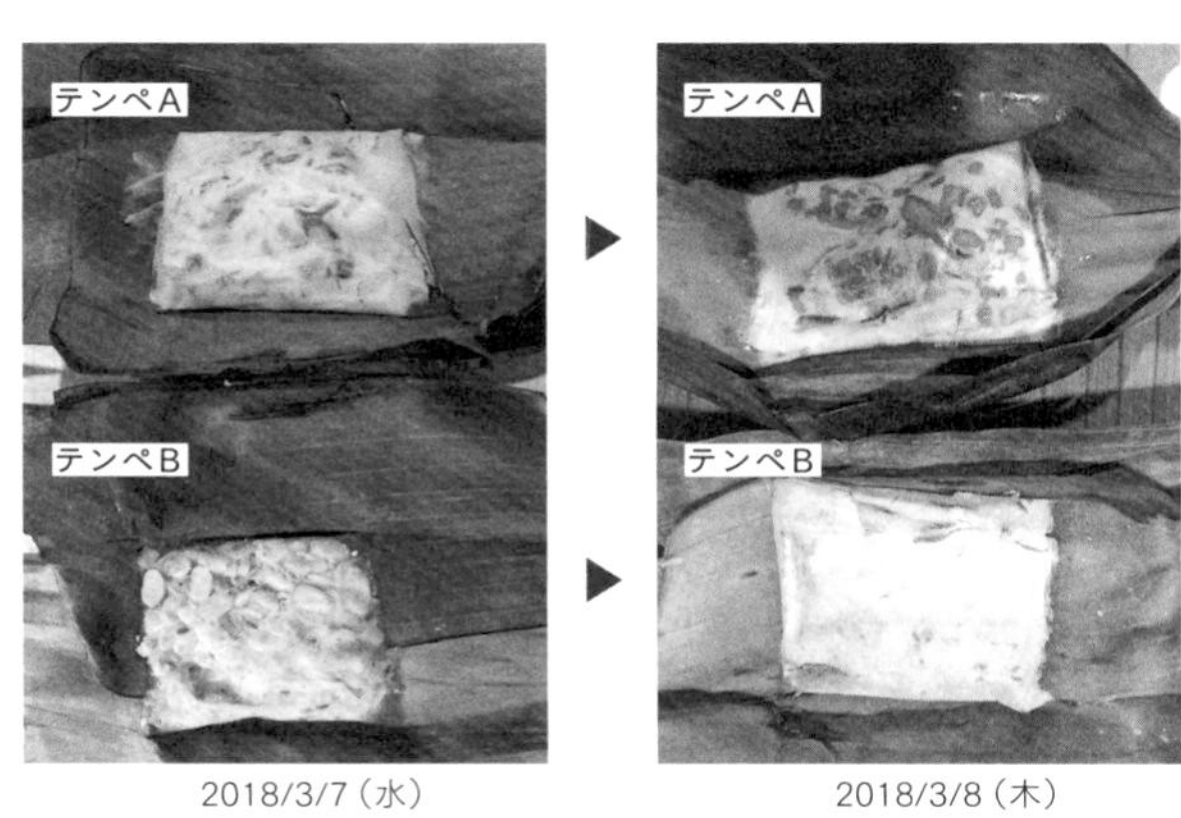

写真13　購入から24時間経過後のテンペの変化。2018年3月、ジョグジャカルタ特別州ジョグジャカルタ市

べ頃を確認する。プラスチックの袋の場合は消費者がカビの成育を見て食べ頃を判断することが可能である。

食べ頃をパッケージに表記することは、廃棄をできるだけ少なくする試みと捉えられるが、裏返せば、インドネシアではテンペ流通のコールド・チェーン化が進んでいないということである。生産者と小売人が努力しても、どうしても食べ頃を過ぎたテンペは出てしまう。その場合、市場で無料で配っている。多少発酵が進み過ぎても、スープに入れて食べればまったく問題ない。大規模生産者のムチラーさんは、社会施設に寄贈することもあると述べていた。

おからでつくるテンペ・ゲンブス

ジョグジャカルタでの調査最終日に、大豆ではなくおからでつくるテンペ・ゲンブスの生産現場を訪れた。そこは、ジョグジャカルタ市の中心部から5キロメートルほど北に位置するバントゥル県セウォン郡で10軒の豆腐工場が集まって立地している地区である。

3年前からテンペ・ゲンブスをつくり始めたニナさんの世帯は、夫もジョグジャカルタ市内のテンペ工場に勤務しており、この世帯は、テンペ生産だけで生計を立てている。表1に示すようにテンペ・ゲンブスの生産は通常のテンペと比較すると工程が少なく簡単である。おからを乾燥させ、1時間ほど蒸した後に冷まして、ラギ・テンペをふりかけて、袋詰めして2晩寝かせるだけである（写真14）。大豆のテンペと比べると味は落ちるが、価格はテンペの1／5である。大がかりな生産設備は不要で、ガスと大きな蒸し器、そして発酵させるスペースだけあればよい。

テンペ・ゲンブスの原料であるおからは、豆腐の生産過程で出るものなので、生産者は豆腐工場の近くに住んでいる（写真15）。ニナさんは兄が経営する豆腐工場から、毎日、バケツ6杯分のおからを仕入れて540袋のテンペ・ゲンブスを生産している。テンペ・ゲンブスの生産は、資本よりは地理的な立地が生産に参入する要件となっているようだ。ニナさんは、おからの原価やガス代などを差し引いて約17，000ルピア／日（約1，200～1，300円／日）ぐらいの収益をテンペ・ゲンブスからあげている。現地の物価を考えると、副業としては決して悪くない収入である。

複雑なテンペの生産と流通

テンペの生産と流通は、日本納豆ともアジア納豆とも違う非常に複雑な構造を呈していた。特に、生産者でもあり小売人でもある「半生産小売人」の存在は、インドネシア特有と思われる。

写真14　テンペ・ゲンブスの発酵。2018年3月、ジョグジャカルタ特別州バントゥル県セウォン郡

写真15　テンペ・ゲンブスの生産者の立地。2018年3月、ジョグジャカルタ特別州バントゥル県セウォン郡

写真16　半完成テンペを購入しに来た「半生産小売人」。2018年3月、ジョグジャカルタ特別州スレマン県デポック郡

半生産小売人とは、カビ接種の工程⑪が終わった段階の半完成テンペを購入して、自宅でプラスチックの袋やバナナの葉に詰めて1～2日間発酵させて、消費者に売る小売人である。

私が大規模生産者のムチラーさんの袋詰めと発酵を行う工場を調査していたわずか1時間の間だけで、3人もの半生産小売人が半完成テンペを工場に購入しに来た。最初に工場を訪れた女性は、38キログラムもの半完成テンペを購入した（写真16）。ムチラーさんは、希望すればブランド名がプリントされたプラスチックの袋も無料で分け与える。その半生産小売人は、何十枚ものプラスチックの袋を持って帰り、そのプラスチックの袋で発酵させたテンペをスレマン県デポック郡の市場で売る。半生産小売人が買った38キログラムという半完成テンペの量は、小規模生産者のポニアさんやスギイェムさんの生産量よりも多い。次に買いに来た男性は20キログラムの半完成テンペを購入していった。そして3人目の女性は、6キログラムの半完成テンペを購入していったが、プラスチックの袋は持って帰らなかった。市場ではバナナの葉で

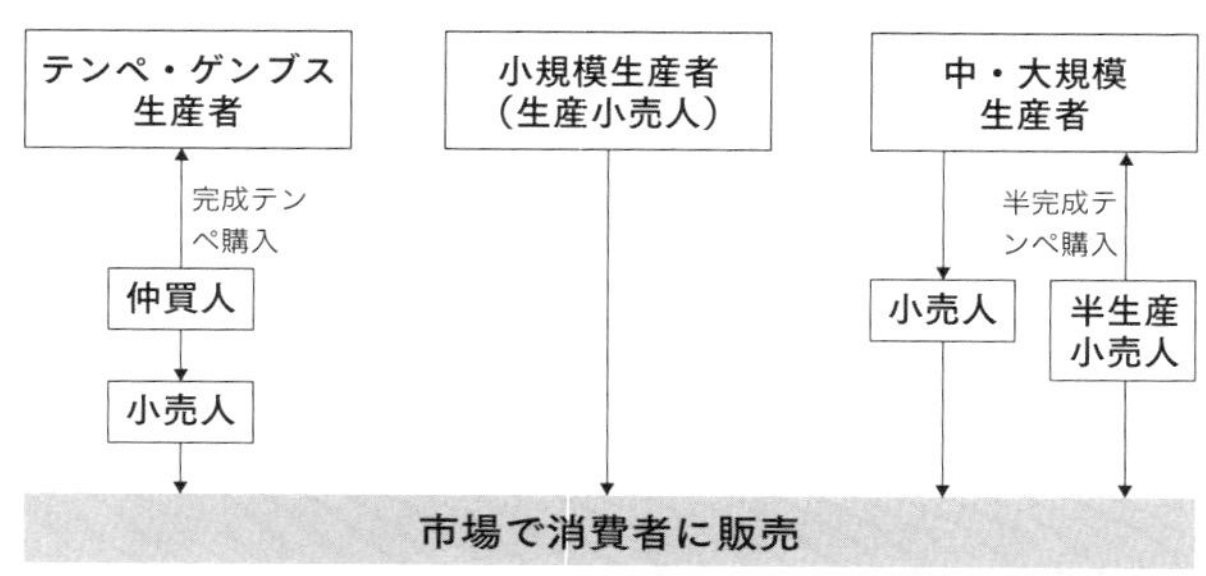

図2　テンペの流通構造

包んだテンペを売っている。6キログラムの半完成テンペでバナナの小さな包みのテンペを80個つくることができる。半生産小売人は、一手間かける労働力と自宅に発酵させるスペースがあれば、完成品のテンペを仕入れて売る小売人よりも利益をあげることができる。

このようなテンペの複雑な流通は、図2のように示すことができる。まず、テンペ・ゲンブスの生産者は、多量のテンペを毎日生産するが、それを自ら市場に持っていくための輸送手段を所有していない。したがって、トラックで自宅に買い取りに来る仲買人にテンペ・ゲンブスを売る。仲買人は購入したテンペ・ゲンブスを各市場の小売人に売る。次に小規模生産者は、生産したテンペをバイクで市場に運んで自ら販売する。生産もして小売りもするので、生産小売人とした。バイクで運べる量は限られているので、少量しか生産しない。小規模生産者は、近くの市場に販売スペースを借りており、毎日、決まった場所でテンペを販売している（写真17）。中・大規模生産者は、トラックを所

写真17　生産したテンペを市場のスペースを7,000ルピア／日で借りて売る生産小売人のポニアさん。2018年3月、ジョグジャカルタ特別州スレマン県デポック郡

有しており、自ら各市場を回って小売人にテンペを販売する。よって仲買人を介さない。また、半完成のテンペを工場に買いに来る半生産小売人にも販売する。生産者ごとに市場のテリトリーが大体決まっているという。

テンペ生産と納豆生産の比較と今後の展開

ジョグジャカルタでの調査では、植物の葉を用いた伝統的なテンペ生産はまったく見られず、また発酵の際にもバナナの葉ではなくプラスチックの袋を用いた発酵が一般的になっていた。吉田集而によると、首都のジャカルタでは1980年代にはオオハマボウの葉ではなく、ラギ・テンペを用いてテンペがつくられており、「コウジ（ラギ）をつくるようになったのは、あたらしいことであると考えられる。現在でも中部ジャワではコウジをつくる……」と記されていた。[†14] しかし、中部ジャワのジョグジャカルタでは、大規模生産者のムチラーさんが1980年代中盤にはすでに市販のラギ・テンペを使っており、ジャカルタがラギ・テンペを使い始めた時期とそれほど変わらないことが明らかになった。また、吉田集而の論文ではジャカルタで発酵の際にプラスチックの袋が利用され出したのが1965年頃からとされていた。ジョグジャカルタでは、プラスチックの袋を使っていたのは中・大規模生産者だけで、いずれも1980年代からテンペ生産を始めた生産者であった。そのため生産開始当初からプラスチックの袋を使っており、ジョグジャカルタでプラスチックが使われるようになった時期についてはわからなかった。

小規模生産者の場合、現在でも発酵の際にはバナナの葉を用いており、完全にプラスチックの袋に置きかわってはいない。しかし、バナナの葉はクモノスカビの供給源ではない。バナナの葉は包む用途で使われているだけで、発酵は培養したラギ・テンペに頼っている。これは、日本の納豆でたとえると、培養した納豆菌をふりかけた煮豆をワラ苞に入れるようなものだ。菌は培養した納豆菌から供給され、ワラ苞はあくまでも発酵容器に過ぎない。

日本の納豆は、商業的生産の増大に伴い、稲ワラを利用する菌の接種方法から、人工的に培養した菌をスターターとする方法へと変化し、1960年代には完全に工業的な生産へと移行した。同様の変化は、インドネシアのテンペにも当てはまる。ジョグジャカルタでは、その変化が、1980年代から90年代にかけて見られた。また、アジアやヒマラヤでは、現在でも自家生産の納豆が見られるが、テンペ生産が盛んな中部ジャワのジョグジャカルタ周辺では、テンペの自家生産は完全に途絶えている。この状況も日本の納豆生産が稲ワラから培養した菌を使うようになった1950〜60年代の状況に似ている。まったく違う2つの発酵大豆である日本納豆とインドネシアのテンペを比較してみると、インドネシアのテンペは、約20〜30年ほどのタイムラグがあるが、日本の納豆と同じような変化を辿っていることに気が付く。これから、インドネシアの食品流通におけるコールド・チェーン化が進展したら、生産の再編が起こり、小規模なテンペ生産者の淘汰などにつながっていくのかもしれない。

10 タイ・バンコクの納豆事情

タイではトゥア・ナオと呼ばれる納豆がつくられている。乾燥してセンベイ状に加工したトゥア・ナオは、北部ではどこでも売られており、調味料として利用されている。しかし、トゥア・ナオは、きわめてローカルな食材で、首都のバンコクで探してみたが、それを見つけ出すのに苦労した。ところが日本の糸引き納豆はどこでも売られていた。バンコクでの納豆の需要を支えているのは、約5・7万人（2019年）もの在留邦人と年間約180万人の日本人旅行者である。バンコク市内のスーパーマーケットには、日本から冷凍輸入された何種類もの納豆が並べられている。しかも、バンコクでは糸引き納豆を生産している企業が3社もある。バンコクでの日本人向けの納豆の生産について調べてみた。

写真1　東北タイでつくられているナレズシ「ソム・パー」。2015年9月、ナコーンパノム県

タイの納豆「トゥア・ナオ」はバンコクでは入手困難なローカル・フード

私は、2013年に京都大学東南アジア研究所のバンコク連絡事務所に3カ月間滞在した。その事務所で働くタイ人スタッフが、昼食時に「ソム・パー」をおいしそうに食べているのをよく見かけた。ソム・パーとは、川魚を米飯に漬け込んで乳酸発酵させたナレズシである（写真1）。東北部のローカル・フードであるソム・パーがバンコクでも入手できるのなら、同じく北部のローカル・フードであるトゥア・ナオだってバンコクで売られているに違いない。トゥア・ナオは北部の市場でならどこでも売られている。

私は、事務所スタッフに「トゥア・ナオを使った料理が食べたい」とリクエストをしてみた。ところが、彼女らはバンコクではトゥア・ナオは買えないと言う。タイ国内の人とモノが集まる首都バンコクでソム・パーはあるのに、トゥア・ナオがないとは信じられない。そこで、私はバンコクの市場やスーパーマーケットでトゥア・ナオを探した。しかし、トゥア・ナオはどこにも売られておらず、彼女らが言っていることに嘘偽りはなかった。

帰国が近づいた頃、ようやく乾燥センベイ状のトゥア・ナオを見つけた。それが売られていたのは、農業協同組合が経営する「オートーコー」と呼ばれる市場であった。タイ北部では、どこでも見かけるトゥア・ナオなのに、バンコクでそれに出会うまで、何カ所の市場とスーパーマーケットを巡ったであろうか。その数は詳しく覚えてないが、私は3カ月のバンコク滞在で1カ所の市場でしかトゥア・ナオを見つけることができなかった。オートーコー市場は、タイ国内各地から選りすぐりの新鮮な食材や有機野菜などを集めて売っている市場で、近所の人たちが利用するローカルな市場と比べると値段が高めの市場である。ここで売られているトゥア・ナオを購入するのは、北部から出稼ぎに来ているような労働者ではないことは明らかである。バンコクですら入手困難なトゥア・ナオは、タイ北部限定のローカルな発酵食品であることを、この経験から身をもって知ったのである。

糸引き納豆はバンコクでもつくられていた

バンコクでは国産のトゥア・ナオは見つけられないのに、日本から輸入された糸引き納豆は簡単に見つけることができた。バンコク市内には、日本人向けに日本食品を販売するスーパーマーケットが数多く営業しており、そうしたスーパーマーケットではどこでも日本の糸引き納豆が売られていた。私は、バンコク駐在中は事務所のタイ人スタッフがつくってくれたスパイシーなタイ料理を毎日食べていたので、日本食をほとんど口にしなかったが、バンコクに多く住む日本人駐在員やその家族がタイ料理中心の食生活を送っているとは考えられない。したがって、在留邦人向けの日本食材の需要が高いことは容易に理解できる。

２０１９年９月、北海道新聞社バンコク支局長の森奈津子さんと一緒にラオス北部で調査を行った*。その時に、森さんからバンコクには日本から輸入されている糸引き納豆以外に、バンコクで生産されている糸引き納豆が売られていることを教えてもらった。トゥア・ナオをバンコクで探していた２０１３年の時には、日本の糸引き納豆をスーパーマーケットで見つけても、現地で生産されたものなのか、日本から輸入されたものなのか、まったく注意を払っていなかったので、その情報は私の興味をかきたてた。いったい誰が、いつから、どんな経緯で糸引き納豆をバンコクでつくり始めたのだろうか。そもそも、邦人が多く住むといっても、それがビジネスとして成立するのだろうか。その疑問を解決するために、森さんに協力してもらい、２０１９年11月にバンコクで糸引き納豆を生産している企業について調査することになった。

*――第４章を参照のこと。

バンコクにおける日本食品需要の背景

バンコクでの糸引き納豆の生産を詳しく述べる前に、基本情報としてバンコクにおける在留邦人についての統計を見ていくことにしよう。国連社会経済局人口部によると、タイの首都バンコクは、２０１８年時点で世界33位の大都市圏であり、その都市圏人口は約１、０１６万とされている。[†2] バンコクは、フィリピンのマニラ都市圏（世界17位、約１、３４８万）とインドネシアのジャカルタ都市圏（世界30位、約１、０５１万）に続く東南アジア第3位の都市圏人口を誇る。しかし、バンコクの最大の特徴は人口規模そのものではなく、在留邦人数の多さである。バンコクの２０１９年の在留邦人数は５７、４８６人であるが、マニラとジャカルタは、それぞれ８、７９２人と８、０６２人であり、バンコクとは比較にならないほど少ないのだ。ちなみに、２０１９年の世界の都市別在留邦人数を見ると、１位はロサンゼルス（６８、５９５人）、２位がバンコク、３位は上海（４１、７５６人）、４位はニューヨーク（４０、４９６人）、５位がシンガポール（３６、７９７人）となっている。[*] 都市別在留邦人数でバンコクは２０００年時点では世界8位（１６、８６６人）であったが、２００５年にロサンゼルス、ニューヨーク、上海を抜いて4位（２６、９９１人）となり、２０１５年にはニューヨークと上海を抜いて2位に浮上し、それ以降２０１９年時点まで世界2位を維持している。また、国別の在留邦人数を見ても、タイは２０１６年以降、米国、中国、オーストラリアに続く世界4位の海外在留邦人数であり、2019年時点で国内に79、123人もの邦人が滞在している。

タイの在留邦人数および訪タイ日本人数の推移を図1に示す。2000年以降、在留邦人数は毎年増加し続けている。バンコクに限って見ると、2000年の邦人人口(16、866人)を100とすると、10年後の2009年には約2倍の197となり、20年後の2019年には341となっている。この10年間は、伸びが若干鈍っているが、それでも右肩上がりで増え続けている傾向に変わりはない。

現在入手可能な最新(2017年10月1日)の外務省の外務省海外在留邦人数調査統計(詳細版)によると、タイに長期滞在する民間企業関係者の本人が33、978人で、その同居家族が20、252人となっている。タイ在留邦人総数72、754人のうち74・5%を企業の駐在員およびその家族として長期滞在している邦人が占めている。駐在員およびその家族が、タイにおける日本食品の需要を支えているといっても過言ではない。

さらに、日本食品の需要には、多くの日本人旅行者がタイを訪れていることも無視できない。その中にはタイ料理が口に合わずに、レストランやホテルで日本食を食べる旅行者も多いだろう。

＊――2019年10月1日現在の外務省海外在留邦人数調査統計による(https://www.mofa.go.jp/mofaj/toko/tokei/hojin/index.html)。海外在留邦人数とは、外国に住所又は居所を定めて3カ月以上滞在する長期滞在者と生活の本拠を日本から海外へ移した永住者の合計である。

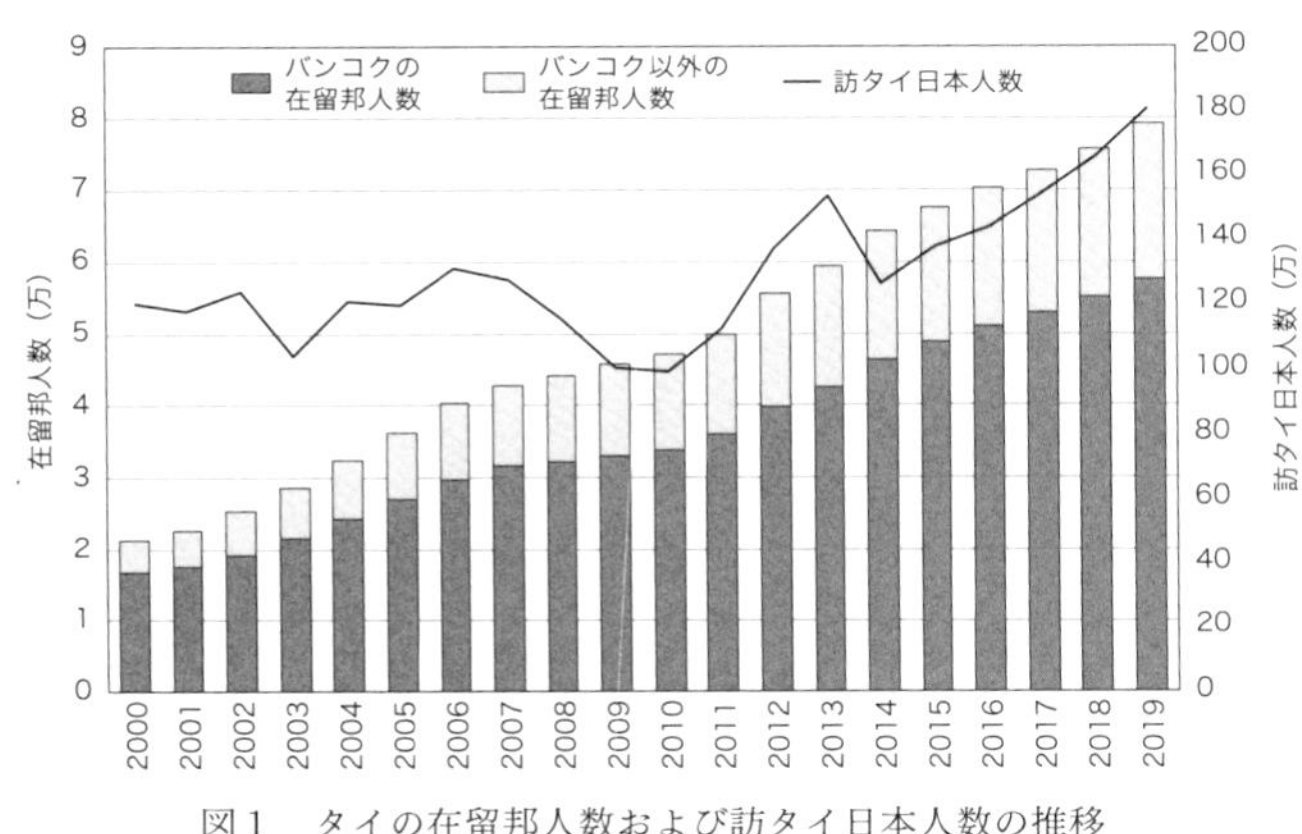

図1　タイの在留邦人数および訪タイ日本人数の推移
出典：外務省海外在留邦人数調査統計およびタイ観光スポーツ省観光統計により作成

2019年にタイを訪れた日本人旅行者数は、約181万人で、平均滞在期間が9・79日となっている。* 訪れる時期を無視して単純に日割り計算すると約4・9万人もの日本人旅行者が毎日タイ国内のどこかに滞在している。タイには多くの観光地があるので、すべての日本人旅行者がバンコクにいるわけではないが、その6〜7割（約3万人／日）ぐらいがバンコクにいると仮定すれば、バンコクの在留邦人（57、486人）と合わせると、およそ9万人の邦人および日本人旅行者が常にバンコクに滞在していることになる。この人口規模は、日本の小都市レベルであり、バンコク市内に数多くの日本食品を扱うスーパーマーケットや日本食レストランが営業していることに納得する。そして日本の糸引き納豆も需要があることに疑いの余地はない。

バンコクにおける糸引き納豆の現地生産

タイで生産されている糸引き納豆を調べるために最初に訪れたのは、バンコクで日本人が多く住むスクンビット地区のBTSプロンポン駅近くに位置する日本食品を扱うフジスーパー（1号店）である。[**] このスーパーマーケットには、何度も買い物に行ったことがあるが、納豆売り場をじっくりチェックするのは初めてであった。そこでは、北は北海道から南は熊本まで13社30種の納豆が売られていた（写真2、表1）。日本に住んでいても一つのスーパーマーケットで、これほどバラエティーに富んだ産地の納豆は見ることはできないだろう。

納豆売り場の横には、豆腐や油揚げなどが陳列されている5℃に設定された冷蔵のヒナ段ケースがあり、バンコクのコマツ・フーズが生産する「社長さんの納豆」が並んでいた（写真3）。日本で生産された納豆は冷凍輸入されるので、マイナス8℃に温度設定された冷凍の平ケースで販売されるが、現地生産の「社長さんの納豆」は輸入された納豆と違って冷凍する必要がないので、冷蔵ケースで売られていた。値段は、日本からの輸入品が60〜90バーツ（約217〜326円）程度

＊――タイ観光スポーツ省の観光統計（https://www.mots.go.th/more_news_new.php?cid=411）による。タイ語。

＊＊――神奈川県と東京都内でスーパーマーケットチェーンを展開する富士シティオ株式会社がタイのメトロ・グループと合弁で設立した。正式名称は、UFM Fuji Superである。

写真２　バンコクのフジスーパー（1号店）で売られていた日本から冷凍輸入された納豆。2019年11月、バンコク郡

写真３　バンコクのフジスーパー（1号店）で売られていたコマツ・フーズが生産する「社長さんの納豆」。2019年11月、バンコク郡

で、バンコクでつくられている「社長さんの納豆」は45バーツ（約163円）であった。* 多くの邦人や日本人旅行者が滞在するバンコクにおいて、解凍せずにすぐに食べられる納豆の需要は高い

表1　バンコクのフジスーパー（1号店）で売られていた納豆。2019年11月

企業名	生産地	商品名
だるま食品本舗	北海道	中つぶ納豆 極小粒納豆 ひきわり納豆 だるま大師カップ
北海道はまなす食品	北海道	極小こつぶ納豆旨味
あさひ納豆	栃木	極味（きわみ）納豆
タカノフーズ	茨城	極小粒ミニ3 極小粒カップ3 味わい小粒 まろやか旨味ミニ3 旨味ひきわりミニ3 すごい納豆 S-903
オーサト	茨城	昔ながらの納豆屋さん
朝一番	茨城	紫峰北海道 有機納豆 茨城名産 小粒納豆
カジノヤ	神奈川	北海道小粒納豆 納豆職人 小粒納豆
豆紀	和歌山	極小粒納豆
納豆屋	愛媛	小粒納豆ゆず しょうが納豆 しそ小粒納豆 国産小粒納豆 職人の手造り納豆
芳野商店	福岡	福岡 ふくよか納豆 身土不二納豆 福岡自慢
丸美屋	熊本	お城納豆マミ3 お城納豆 にゃっとう
JFC	不明	四段納豆
コマツ・フーズ	バンコク	社長さんの納豆

＊――調査時の2019年11月のタイバーツと日本円の換算レート（1バーツ3・622円）で計算。

と思われる。しかも、その納豆が日本からの輸入品よりも安ければ、よく売れるに違いない。フジスーパーで売られていた現地生産の納豆は「社長さんの納豆」だけであったが、バンコクではコマツ・フーズ以外に、ツバキ・フード・サービスと宮下商店が現地で納豆を生産している。以下、これら3社のバンコクでの納豆生産について見ていこう。

バンコクでの日本食材生産のパイオニア

バンコクで最初に納豆を生産し始めたのは、ツバキ・フード・サービスである。社長の椿正美さんに、納豆の生産について話を伺った（写真4）。第二次世界大戦中にビルマに駐軍していた新潟出身の椿さんの父親が、戦後1952年にタイで日本からさまざまな食品を取り寄せて卸売や小売を行い、また味噌、醤油、豆腐などの生産を始めたのがツバキ・フード・サービスの始まりであった。その後、1963年にアソーク通り（スクンビット・ソイ21）で自社生産した味噌、醤油、豆腐などを売り、また日本からインスタントラーメンなどを輸入して売る店舗を構えた。

1970年に拠点をスクンビット・ソイ62に移し、味噌、醤油、豆腐などの生産と日本から輸入した食品の販売をしていたが、タイ初の日系スーパーマーケットのフジスーパーが1985年にスクンビット・ソイ33で営業を始めたので、小売をやめて、味噌、醤油、豆腐などの生産を事業の中心に据えることにした。そして、1988年に兄の椿繁さんがキッコーケン株式会社を設立して味噌と醤油の生産を行い（写真5）、さらに1997年にはダブル・フラワリング・カメリア株式会社を設立して各種のタレやスープの生産を開始した。ツバキ・フード・サービスは、1988年に弟の正美さんがスクンビット・ソイ62に新しい工場をつくり、納豆、鰹節、梅干しの生産、そしてキッコーケン株式会社とダブル・フラワリング・カメリア株式会社で生産した調味料などの販売を行っている。

写真4　ツバキ・フード・サービス社長の椿正美さん。2019年11月、バンコク郡

写真5　キッコーケン株式会社における醤油の生産。2019年11月、サムットプラカーン郡

バンコクにおける糸引き納豆の生産開始

ツバキ・フード・サービスが納豆の生産を開始したのは、スクンビット・ソイ62に店舗を構えていた1980年頃である。壊れた冷蔵庫を発酵室として利用し、現地の稲ワラで煮豆を包んで納豆をつくり始めたと言う。しかし、うまくできないことが多く、結局、日本の納豆を種菌にして生産していた。当時は、味噌、醤油、豆腐、納豆などの多品種の大豆加工品を少量生産していたが、スクンビット・ソイ62に新しい工場をつくった1988年以降は、豆腐を止めて、味噌、醤油、納豆の生産規模を拡大した。豆腐の生産を止めたのは、中国企業も豆腐をつくっていただけでなく、生産過程で出るおからの処理に困ったからだと言う。

現在、納豆の生産に使う大豆は、キッコーケンがアメリカから輸入した味噌と醤油用と同じものを使っている。地元のタイ産大豆を使いたいが、品質が安定しないので難しい。苦労するのは豆の選別で、最終的には人の手で行っている。納豆の生産は日本のように完全に工業化されているわけではないが、衛生的な環境で熟練したスタッフが生産を担っていた（写真6）。菌は日本の宮城野株を用いている。商品は47グラムのパックで、カラシ付きとカラシ無しの2種類である。調査を行った2019年の時点で1、500～2、000パック／日を生産しており、日本食品を扱うバンコク市内のスーパーマーケットで売っている。納豆の生産量は、10年前の2010年と

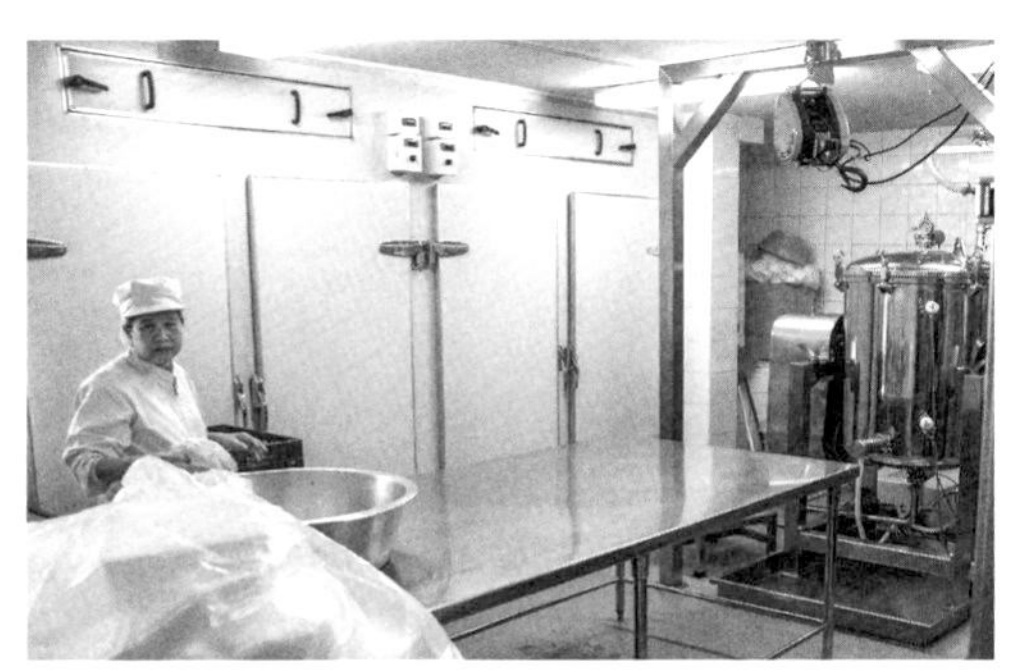

写真6　ツバキ・フード・サービスの納豆生産現場。2019年11月、バンコク郡

比べると約2倍になったと言う。

また、納豆生産を開始した1980年当時は、バンコクで味噌や醤油をつくっていた中国系企業も納豆をつくっていたが、いつの間にか、その納豆はバンコクの市場から消えたらしい。1980年代に中国企業が納豆をつくっていたとは驚きである。少しでもビジネス・チャンスがあれば、チャレンジする中国系の人たちの底力には驚かされる。

ツバキ・フード・サービスが納豆を生産する過程は、邦人に需要が高い大豆を原料とした味噌、醤油、豆腐の生産から始まり、在留邦人数の増加に伴い、同じ原料でつくることができる納豆へと事業が展開していった。海外における邦人向けの大豆加工食品が普及していく典型的な事例といえる。

豆腐屋さんがつくる納豆

「卵の花」の商品名で納豆をつくっているのは、豆腐の生産会社としてバンコクに住む邦人に知られている宮下商店である。社長の宮下一壽さん（71歳）にバンコク市内の事務所で話を伺った。宮下さんは、石川県輪島出身で、祖父が豆腐屋を営んでいたので、幼少時から豆腐づくりには興味を持っていた。大学卒業後にアパレル会社に勤めたが、いつかは豆腐をつくりたいと思っており、２０００年（52歳）に縁がありバンコクで豆腐の生産を始めることになった。現在は、１日で１，２００丁の豆腐、７００本の豆乳、３００～４００枚の油揚げを生産している。事業の中心は豆腐であるが、顧客から納豆をつくって欲しいと依頼されて、２０１２年から納豆の生産を始めた。

豆の味がしっかりとした糸引きの強い納豆という要望に応えるために、試行錯誤を繰り返したと言う。最初は、タイ国内の大豆で納豆をつくってみたが、納得のいく品質にならなかったので、色々な大豆を試して最終的にアメリカ産を使うことにした。また、麹を加えた納豆にもチャレンジしたことがある。発酵に使う納豆菌は宮城野株で、タレはつけていない。蒸して納豆菌をふりかけるまでの前工程を豆腐工場で行い、その後に事務所内の室で発酵させている（写真7）。納豆をつくるのは週に1回ほどで、販売先は日本食材を扱っているスーパーマーケットとデパートである。

インタビューの時には、宮下商店でつくっている豆腐、油揚げ、納豆と共に、バンコクで醸造された焼酎をいただきながら、話を伺った(写真8)。納豆は、粘りも強く、日本の納豆と比べてもまったく遜色ない品質であった。

写真7　宮下商店の事務所内に設置されている発酵室。2019年11月、バンコク郡

写真8　宮下商店が提供する大豆加工食品の豆腐、油揚げ、納豆。2019年11月、バンコク郡

写真9　コマツ・フーズの「社長さんの納豆」のパッケージ。2019年11月、バンコク郡

写真10　2019年に新築されたコマツ・フーズの納豆生産工場。2019年11月、バンコク郡

社長さんがつくった「社長さんの納豆」

バンコクで「社長さんの納豆」を生産しているのは、コマツ・フーズの小松進さん（68歳）である。商品名の「社長さんの納豆」とは、小松さんが電子部品の専門商社ＧＳＫエレクトロニクスの社長であることに由来している。ＧＳＫエレクトロニクスは、シンガポールで１９９５年に創業し、アジア８カ国で電子部品の輸入販売とＩＰＯ（サプライヤーが供給する部品をまとめてメーカーの工場に供給する業務）などの事業を展開しており、その年商は40億円を超える。会社の拠点はシンガポールであるが、シンガポールの物価が高くなりすぎたため、小松さん自身は２００７年からバンコクに住んでいる。現在、ＧＳＫエレクトロニクスの経営は各国のマネージャーに任せており、小松さんは半分リタイヤ状態で、大好きな納豆を事業化した。

２０１５年６月から前述のフジスーパーで本格的に納豆を売り始めることになったが、タイの国産大豆を原料とすることにこだわり、生産を確立させるまで２年間ほど試行錯誤を繰り返した。納豆菌は、成瀬株を使っており、当初は宮城野株も検討したが、液体の宮城野株はタイに持ち込むのが大変なので、粉末の成瀬株にした。小松さんは納豆づくりを「道楽で始めた」と言うが、生産現場を見ながら話を伺うと、決して趣味や道楽のレベルではなく、タイで納豆を現地産の大豆でつくるという確固たる信念が根底にあったことがわかる。パッケージには、「タイ産大豆使用、タイ国内製造、冷凍していません」と記され、日本の冷凍輸入された納豆と差別化するフレーズが並んでいる（写真９）。

販売を開始した当時は、自宅内で納豆をつくっていたが、２０１７年に現在の場所に引っ越して、２０１９年に敷地内にモダンな新工場を新築した（写真10）。販売する商品は１パック50グラムの納豆を３パックで１セットにした１種類だけで、タレやカラシは付けていない。バンコクで納豆を生産する３社の中では、もっとも新しい企業であるが、新工場では１、５００パック／日をつくっており、バンコクで最初に納豆を生産し始めたツバキ・フード・サービスと同規模の生産量を誇る。販売先は、バンコク市内のスーパーマーケットだけではなく、北部チェンマイのスーパーマーケットでも売っている。納豆の生産方法を確立させたのは小松さんであるが、販売やマーケティングを行っているのは、妻のリンさんである。

「社長さんの納豆」の海外展開

「社長さんの納豆」はタイだけではなく、マレーシア、台湾、インドネシアにも事業を展開している。といっても、タイでつくった納豆を輸出しているわけではなく、ブランドの「のれん分け」である。「社長さんの納豆」のアジア各地での展開について、小松さんは「納豆で儲けようとは考えておらず、社会貢献として、つくりたいと思っている人には無料で技術を提供する」と語る。

マレーシアでは、2017年からGSKエレクトロニクスのペナン支店のマネージャーが納豆をつくっている。マレーシアには、日本人の退職移住者が多く居住し、クアラルンプールやペナンには日本人会が設立されている。ペナンでつくられた「社長さんの納豆」は、そうした日本人コミュニティーの需要で成り立っている。そしてインドネシアでは、2019年に保健所のライセンスを取得し、「社長さんの納豆」の生産を始めた。インドネシアで納豆をつくっているのも現地のGSKエレクトロニクスのマネージャーである。マレーシアとインドネシアでの納豆生産は、小松さんがすべてノウハウを提供し、そこで得られた利益は、現地支社の売上としている。すなわち、小松さん自身には何の利益も還元されず、納豆をアジア各地に広げるためのボランティアのような活動である。現時点では、マレーシアもインドネシアも邦人の口コミで納豆を売っている状況だが、将来的には現地の人にも納豆を普及させたいと考えている。

台湾の高雄でも「社長さんの納豆」がつくられている。それはGSKエレクトロニクスの現地マネージャーではない。取引先の関係者が、日本出張の際に宿泊した某ホテルチェーンの朝食に出された納豆を好きになり、それを息子につくらせることになった。関係者の息子が小松さんのバンコクの工場で納豆の生産を学び、台湾で「社長さんの納豆」の商品名で納豆を販売している。

こうした献身的ともいえる小松さんによるアジア各地への納豆の普及が、今後どのように現地社会に受け入れられるのであろうか。和食がユネスコの世界遺産に登録されてから、日本食が世界各地で注目を集めている。世界各地には、さまざまな日本食や日本食材が広がっている中で、海外では決してストレートに受け入れられるとは思えない糸引き納豆の受容過程を解明する事例として、「社長さんの納豆」の展開は興味深い。

写真11　コマツ・フーズで「社長さんの納豆」の生産を担うミャンマー・シャン州出身のパオ族の従業員。2019年11月、バンコク郡

バンコクで交差するアジア納豆と日本納豆

バンコクでコマツ・フーズの工場を見学させてもらい、最も興味深かった点は、アジア納豆との意外なつながりが見つかったことである。コマツ・フーズの工場で納豆の生産を行っていたのは、ミャンマー・シャン州出身のパオ族の従業員であった。小松さんは、3名のパオ族を住み込みで雇用していた。3名のうち、1名は小松家のメイドとして働き、2名は夫婦で納豆の生産を担当している(写真11)。

メイドとして働くパオ族の女性はタイ語が話せるので、ミャンマーで納豆(パオ語でベーセィン)をつくっていたかを尋ねてみた。すると、彼女のミャンマーの家では自家用に納豆をつくっており、一緒に来ている夫婦もミャンマーでは納豆をつくっていたと言う。乾燥させて調味料として使うミャンマーの納豆と日本の納豆は、形は違うが味は同じだと言う。

納豆の聖地であるミャンマー・シャン州出身のパオ族が異国バンコクで日本の糸引き納豆をつくっているとは、予想もしていなかった。アジア納豆と日本納豆がバンコクで結びつくという奇妙な巡り合わせには驚いた。

バンコクでの納豆生産から考える日本納豆の世界展開

ツバキ・フード・サービスの椿さんは、2010年頃の納豆生産量は現在の半分ほどであったと述べていた。だとすれば、その生産量は、700～1,000パック／日ぐらいであっただろう。当時は、ツバキ・フード・サービスだけがバンコクで納豆を生産しており、その後、2012年に宮下商店の宮下さん、2015年からコマツ・フーズの小松さんが納豆の生産を開始した。新たに納豆生産者が参入したにもかかわらず、ツバキ・フード・サービスの納豆生産量が2倍になったのは、バンコクでの納豆需要そのものが大幅に増加したからである。その需要は、在留邦人と日本人旅行者が増えたことによるものなのか、それともバンコクの消費者が日本から冷凍輸入された納豆ではなく現地生産された納豆を求めるようになったことによるものなのかわからない。和食ブームと健康志向の高まりで、現地のタイ人による需要も増えているのかもしれない。

2019年末の時点で、バンコクでは3社で毎日約3、000~3、500パックの納豆が売られている。この生産量を多いと考えるか、それとも少ないと考えるか、さまざまな意見があると思うが、私はビジネスとして納豆生産を継続させるには厳しい数字だと感じた。納豆1パック約50グラムとすれば、バンコクで供給される納豆の重量は約150~175キログラムとなる。納豆の生産において、大豆を浸漬すると、その重さは約2倍になるので、原料の大豆は、約75~90キログラムしか使われていないことになる。日本から冷凍輸入された納豆の販売量の情報が無いので正確に見積ることはできないが、現地生産された3社の納豆と同じぐらいの量が売れているとしても、バンコクの納豆需要を満たすために使われる大豆の量はせいぜい150~180キログラムである。その程度の大豆の利用で数社が納豆を生産しても、納豆だけで企業を存続させるのはかなり厳しい。

ツバキ・フード・サービスは、グループとして多種多様な日本食材の生産を行い、その一つとして納豆を生産している。宮下商店も、事業のメインは豆腐であり、そしてコマツ・フーズも本業は電子部品の専門商社である。すなわち、どの企業もメインの事業は納豆ではない。柱となる事業が別にあり、それと並行しながら納豆を生産しているのが、バンコクにおける納豆供給の実態である。海外における日本納豆の生産は、在留邦人と日本人旅行者が毎日約9万人も滞在するバンコクでも、納豆単独ではビジネスとして成り立たせるのは困難である。

しかし、納豆を現地生産し始めた当初は、在留邦人と日本人旅行者を対象としていても、それが現地の人たちに受け入れられると、需要が急激に伸びることも考えられる。「社長さんの納豆」のマーケティングを行う妻のリンさんが、フェイスブックなどのSNSを通してタイ国内で積極的に日本納豆の利用についての情報を発信している。そうした努力が、いつか実を結び、タイ人が日本の納豆を普通に食べるようになることを期待したい。

今回の調査では、ツバキ・フード・サービスや宮下商店のように、海外で邦人向けの日本食材を生産する企業や個人が納豆をつくり始めたことを知ることができた。日本食材を現地生産する企業は世界各地で見られ、それら企業が納豆を生産し始めることで日本納豆が現地の人たちにも受け入れられていくプロセスがバンコク以外のほかの都市でも見られるであろう。日本でインドネシアのテンペを日本人が生産販売しているように、将来は日本納豆が、世界各地で現地の人達によって生産販売されるようになるかもしれない。[*] バンコクにおける納豆の生産は、日本納豆の世界的な広がりの初期段階であり、この動向を注視していきたい。

＊――バンコクだけではなく、世界各地で現地生産の納豆は売られている。たとえば、アメリカのカリフォルニアに本社を置くJapan Traditional Foods Inc. が生産するMegumiNATTOなどは、その代表である。

おわりに——納豆食文化の形成

穀醤が発達しなかったアジア納豆地帯

「アジア納豆地帯」の位置をもう一度確認して欲しい。図1には、はじめにで示した図1に「乳製品地帯」と「東亜半月弧」を加えている。

東亜半月弧とは、中尾佐助らが提唱した照葉樹林文化を構成する要素がもっとも数多く、そして濃密に分布する地域である。[†1] 照葉樹林文化論では、照葉樹林帯に住む少数民族が連綿と伝える文化要素を取り上げて、それらが日本の文化とも共通することが論じられた。納豆や味噌のような発酵大豆も照葉樹林文化の重要な要素とされる。東亜半月弧がアジア納豆地帯とほぼ重なっているが、アジアの納豆が日本に伝播する、その逆に日本の納豆がアジアに伝播するといったことは考えられない。調味料として使われるアジア納豆は、それぞれの地域の自然環境に影響を受けながら地域独自に発展したと思われるからである。[†2]

アジア納豆地帯でつくられる発酵大豆の調味料は、なぜ豆醬（まめびしお）や豆豉のような穀醤ではなく、納豆になったのか。中国最古の農書『斉民要術（せいみんようじゅつ）』（530〜550年頃）に記されているコウジカビで

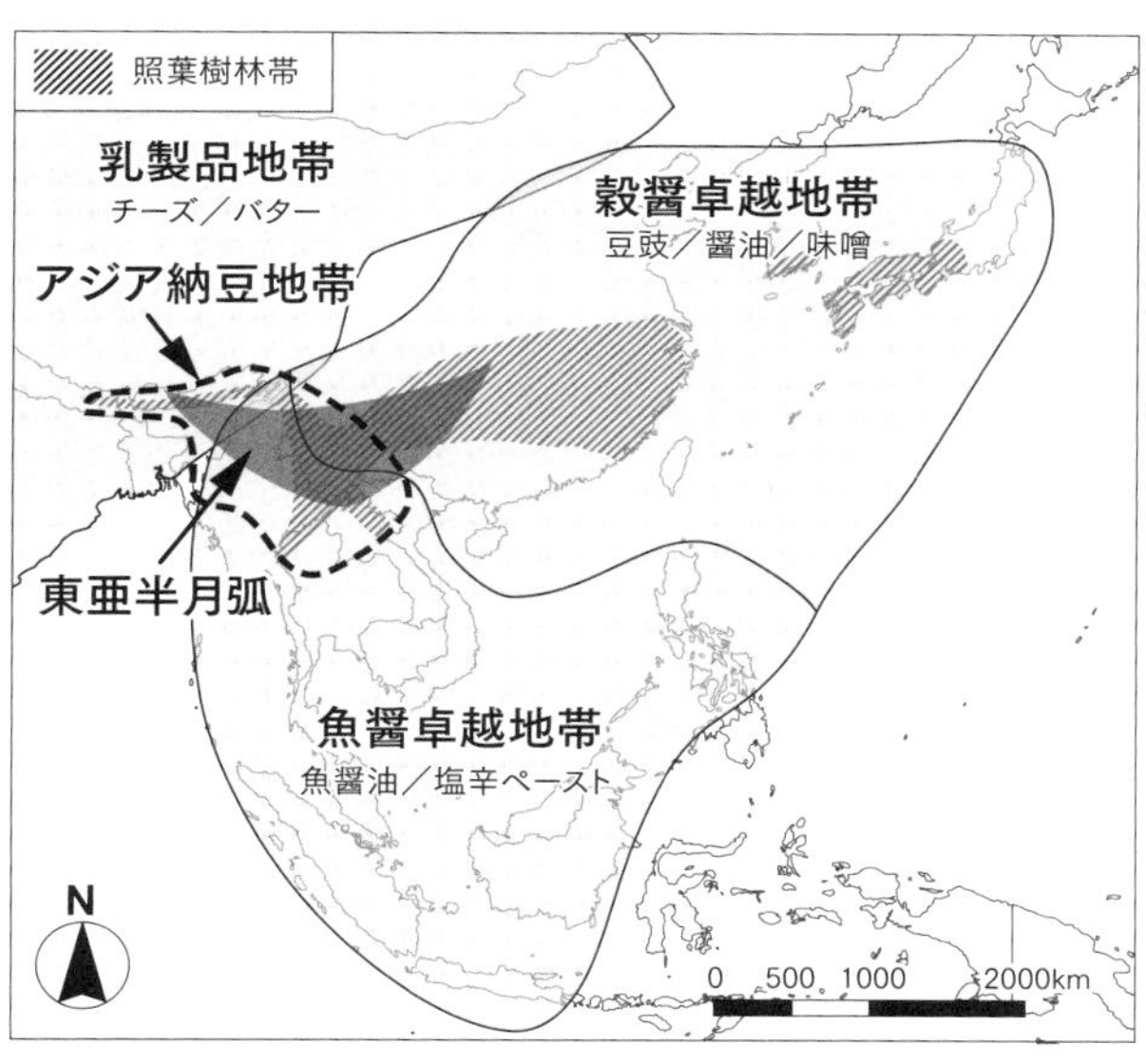

図1　アジアのうま味文化圏

出典：横山智（2018）「日本納豆とアジア納豆：おかずか調味料か?」『科学』88（12）、1228-1234頁／石毛直道・吉田集而・赤坂賢・佐々木高明（1973）「伝統的食事文化の世界的分布」石毛直道編『世界の食事文化』ドメス出版、148-177頁／石毛直道・ケネス＝ラドル（1990）『魚醤とナレズシの研究―モンスーン・アジアの食事文化―』岩波書店、90-94頁を加筆修正

仕込む豉のつくり方から、それを解明するヒントが得られる。

> おおむね常に温度は人の腋（わき）ていどにしようとするのが佳（よ）いとされる。若し（冷熱）いずれも調わない場合は、寧ろ冷えすぎるほうが良いのであつて、熱すぎるのはまずい。冷えれば穰（わら）覆すると、暖かさをとりもどせるが、熱いと臭敗してしまう。（中略）豉づくりの法はうまくゆき難く、壊れがちなものであるから、必ず細かく意をくばり、常に一日に再度これを看るようにする。節（ほどあい）を失って熱くしすぎると、臭く爛（ただ）れて泥状になり、猪（ぶた）・狗（いぬ）も食わない。[†3]

寒ければ藁で覆えば良いが、熱いと腐敗するので、細かく温度管理をするようにとの注意が促される。腐敗した状態を「泥状」と表現し、失敗した豉からは、ブタもイヌも食べないような強烈な臭いが放たれる。それは、コウジカビで発酵させようとした豉が枯草菌によって汚染されて納豆になってしまうことである。すなわち、昔から中国でも豆醤や豉の仕込みでは、枯草菌の汚染をいかに防ぐかが重要であり、コウジカビを用いた豆豉づくりは枯草菌との戦いであった。

空調機が存在しなかった時代、湿潤温暖な熱帯モンスーン気候の中国南部で、コウジカビで発酵大豆をつくるのはかなり難しかったであろう。コウジカビでつくる豆醤や豆豉は、中国と同じ温帯の日本や朝鮮半島などに伝播したが、熱帯モンスーン気候の中国南部には、温度管理が難しかったので伝わらなかった。したがって、穀醤卓越地帯の西南端に位置するアジア納豆地帯では、麹菌で発酵させた豆豉ではなく、より簡単につくることができる枯草菌で発酵させた納豆が生まれ、それが調味料として利用されることになったと考える。

アジア納豆は豆豉の失敗作か?

同じような仮説は、約30年前に吉田集而が提示しており、中国で茹でた大豆にコウジカビを接種した発酵大豆をつくる過程で、温度管理に失敗してコウジカビではなく枯草菌がついてしまったものが現在の納豆になったと論じた。[†4] 納豆の起源地は、栽培大豆の起源地である中国江南地域で、そこから西は東南アジアとヒマラヤへ、また東は朝鮮半島と日本へと伝播したと述べる。しかし、栽培大豆の起源地がいまだに定まっていないので、[†5] 提示された納豆の起源地については議論の余地がある。さらに、納豆が一つの起源地から伝播したことに関しても説得力ある説明ができない。コウジカビの接種に失敗して納豆が生まれたとしても、『斉民要術』でブタもイヌも食べないとされた豆豉の失敗作が納豆になったわけではないだろう。

私は、それぞれの気候条件下で最も適したうま味調味料が発達した結果、温帯の東アジアにはコウジカビの発酵大豆が発達し、穀醤卓越地帯の西南端にあたる熱帯モンスーン気候のアジア納豆地帯では、厳しい温度管理が不要な枯草菌を用いた納豆が発達したと考える。都合が良いことに、枯草菌には日本の納豆菌のような糸が引く種類だけでなく、糸が引かない種類がある。アジア納豆は、ほとんどの地域で糸が引かない種類の枯草菌が選ばれていた。糸引きがないので、発酵させた後に日本の味噌のように潰して加工して、調味料として利用できる。

アジア納豆地帯の納豆生産者たちは、現地で入手可能な植物の葉を使って、良い味の納豆ができる枯草菌を選択していた。タイ北部のチーク、インド・シッキム州とミャンマー・シャン州のシダ類、ミャンマー・カチン州と中国徳宏のイチジクなどから枯草菌を供給する人々の納豆づくりの実践が、それを証明している（第1章表1）。アジア納豆は決してブタもイヌも食べないような臭いを放つ豉の失敗作ではない。

魚醤卓越地帯の縁辺で成立したアジア納豆地帯

アジア納豆地帯は、穀醤卓越地帯から見ると西南端に位置するが、魚醤卓越地帯から見ると西北端に位置する。穀醤ができなかったから納豆になったという説明だけでは片手落ちで、魚醤ができなかったから納豆がつくられたことも説明しなければならない。魚醤との関係から、アジア納豆地帯の東南アジア・タイ系と東南アジア・カチン系の納豆が成立した背景を説明してみよう。

たとえば、ラオスの市場に行けば、どこでもソム・パー（ナレズシ）、ナム・パー（魚醤）、パー・デーク（魚の塩辛）、ガピ（小エビ塩辛ペースト）などの魚介類の発酵調味料が売られている（写真1）。石毛直道は、時期は不明であるが、ナレズシや魚の塩辛の起源地はラオス南部から東北タイのメコン川流域であると推測する[†6]。この地域は、乾季と雨季が明瞭に分かれる熱帯モンスーン気候に属し、4月から10月の雨季には河川が氾濫し、低地が浸水する（写真2）。天水田*で営まれる水田漁労に加えて、降雨量が減少し始める雨季の終わりには、氾濫水が河川に戻る場所にワナを仕掛けることによって、大量の漁獲が得られるので、その魚を保存するために魚の発酵食品がつくられ始めた。加えて、各地に塩田が存在しており（写真3）、塩の入手が容易であった。[7]また東北タ

写真1　ラオス・ヴィエンチャンの市場で売られている魚介類の発酵食品。手前には発酵段階の異なるパー・デーク、一番奥にはガピ。2004年8月、首都ヴィエンチャン

写真2　雨季の氾濫原。2015年9月、ナコーンパノム県

写真3　塩を含んだ土から塩を取り出す製塩者。2015年9月、ナコーンパノム県

*――天水田とは非灌漑田のことで、雨水および周囲の集水域から水が供給されて営まれる水田である。雨季に周囲の河川などから水とともに淡水魚類が水田に入り、それらを捕る漁が水田漁労である。

表1　東南アジア・タイ系とカチン系の納豆の用途と利用方法

用途	利用方法	形状	地域
おかず	ご飯（ウルチ）と混ぜて食べる	粒状	ミャンマー・カチン州／ミャンマー・マグウェ管区／中国徳宏
	ご飯（ウルチ）にふりかけて食べる	乾燥センベイ状	ミャンマー・マグウェ管区
	ご飯（モチ）につけて食べる	ひき割り状	ラオス北部／タイ北部／ベトナム北部
	ご飯（モチ）といっしょに食べる	乾燥センベイ状	ラオス北部（原料：ピーナッツ）
調味料	炒め物の味付け、スープの出汁	円筒形	ミャンマー・シャン州＊／中国徳宏
		乾燥センベイ状	ミャンマー・シャン州／タイ北部
	麺に入れる	ひき割り状	タイ北部／ラオス北部
	スイーツのトッピング	ひき割り状	ラオス北部／ベトナム北部＊

＊本書では紹介していないが、 横山 智（2014）『納豆の起源（NHKブックス1223）』NHK出版に記述している。

イには、世界遺産にも登録されているバーンチエン遺跡が発見されており、新石器時代から人類が住み、そこからは多くの土器が出土されている。[†8] したがって、古くから魚介類を発酵させるための容器も発達していた。

東南アジア大陸部の大部分が魚醤卓越地帯であるが、納豆がつくられている大陸山地部は、大小の河川によって刻まれた盆地と山の世界である。河川が氾濫する低地とは異なり、一時期に大量の魚が捕れて保存が必要になるほどの漁獲はない。そのような環境で、中国南部、タイ北部、ラオス北部、ミャンマー北部で生活するタイ系民族およびカチン系民族の人たちは、盆地で営む水田の裏作で大豆を栽培していた。そして、枯草菌で発酵させる調味料の納豆が発達した。

魚醤と納豆は用途がまったく同じで、相互に互換性がある。[†9] 低地の魚醤卓越地帯ではスープや炒め物に使う調味料として魚醤や塩辛ペーストが使われているが、その調味料が北部の山間盆地では納豆になると考えれば良い。東南アジア・タイ系とカチン系の納豆の利用を表1にまとめた。ご飯のおかずとしての利用のほかに、炒め物やスープの出汁に使われる納豆、麺に入れる納豆、さらにスイーツのトッピングに使われる納豆など、多様な利用が確認された。これらの多様な納豆利用の実践を見ると、コウジカビで大豆を発酵できなかったとか、魚醤をつくる必要がなかったといったネガティブな理由で納豆をつくり始めたとは思えない。積極的に大豆を使って調味料をつくろうとした結果、アジア納豆地帯では、穀醤でも魚醤でもない納豆食文化が形成されたのである。

ヒマラヤの納豆とチーズの関係

アジア納豆地帯の西側で見られるヒマラヤ・ネパール系とヒマラヤ・チベット系の納豆は、穀醤や魚醤とは関係なく成立した。この地域は図1に示すように、調味料として使われる納豆のライバルは、チーズやバターなどの乳加工品である。

本書の第8章では、これまで調査されていなかったブータン東部の納豆であるリビ・イッパの生産と利用を紹介した。しかし、ヒマラヤのチベット系の納豆は、まだ予備調査のような段階で、2つの課題が残されている。1つ目は、まったく空気を通さないビニール袋で発酵させるリビ・イッパの発酵メカニズムである。酸素が供給されない初期段階では乳酸菌による発酵だと考

写真4　納豆とチーズが一緒に売られるアルナーチャルの市場。左奥の小さい塊が納豆。手前の大きい塊がチーズ。2013年5月、アルナーチャル・プラデーシュ州西カメン県

えられる。その後の熟成過程で枯草菌による発酵が起こるのだろう。それを解明するには、発酵微生物の分析が欠かせない。２つ目は、チーズとリビ・イッパの関係である。リビ・イッパをチーズの代わりに使う人もいれば、リビ・イッパとチーズは別物で、リビ・イッパがチーズに置き換わることはないと考える人もいる。このようなチーズと納豆との微妙な関係を短期間の調査では明らかにできなかった。インド・アルナーチャルでもチーズと納豆との関係はブータン東部と同じであり、ボンディラの市場ではチーズと納豆が並べられて売られていたことからも理解できる（写真4）。どちらも調味料として使うので、現地の人たちにとっては同じカテゴリーだと認識されているのだが、日本人には、その感覚が理解できない。

ヒマラヤ・チベット系の納豆がつくられている東ヒマラヤの山脈南面は、モンスーンの影響を受けて夏に降雨が多い湿潤地域である。ブータン東部の標高3、500メートルに村を構えるメラックのブロックパと呼ばれる牧畜民は、

夏は標高4、000メートルの放牧地でヤクとゾムを放牧させ、秋と春は標高2、800メートル前後の放牧地に降り、冬は低い標高2、000メートルの放牧地に移動させる移牧を行う。[†10]牧畜民は、標高の高いところでしか育たないソバや大麦などの作物をわずかに栽培するが、生計はヤクとゾムの乳を加工したチーズ「ブロックパ・イッパ」を販売することで立てている。一方、農耕民は1、500～2、000メートルあたりでイネやトウモロコシなどの栽培を行う。牧畜民と農耕民は、標高の異なる隣り合った地域でそれぞれの生業を営んでいる。

牧畜民のブロックパは、農耕民と交易して農産物を入手する。牧畜民と農耕民の関係は世代を越えて維持されており、親族同様の関係になっているとされる。[†11]また、牧畜民と農耕民との間の乳加工品の交換は交易とは違う形でも行われている。インド・アルナーチャルでは、土地を持たない牧畜民が放牧地を所有する地主の親族集団（クラン）に対して毎年12月にバター、チーズ、ヤク1頭（もしくは現金）を税として支払う。[†12]しかし、一方的に地主が牧畜民から生産物をせしめているわけではない。結局は、地主が牧畜民からもたらされる産物に依存しているのである。このような牧畜民と農耕民の間の交易によって、ヒマラヤ・チベット系の納豆をつくる地域の農耕民にはチーズが交易産物としてもたらされた。この地域には、農耕民の食と牧畜民の食が融合した独自の食文化が形成されている。とても面白い地域なのだが、これまでヒマラヤ・チベット系の納豆がつくられている東ヒマラヤは、現地に入ること自体が難しく、研究も進んでいなかった。近年になってようやく総合的な地域研究の成果が出るようになったが、[†13]食文化についての研究成果はほとんどない。標高の高い湿潤なモンスーン気候で、牧畜と農耕が融合する東ヒマラヤは、乳加工品と発酵大豆が共存する世界唯一の地域であり、今後、重点的に生業システムと食文化の調査を進めていきたい。

枯草菌のセミ・ドメスティケーション?

人類にとって有用な野生動植物を飼い慣らして栽培化したり、家畜化したりすることを「ドメスティケーション」、そして完全に人のコントロール下には置かれていないが、放置的な栽培、野生の状態から人里への植物の移植といった、ドメスティケーションに至る前の実践を「セミ・ドメスティケーション」(半栽培)という[†14]。

第8章で紹介したネパールで段ボールと新聞紙でキネマをつくっていた生産者は、つくる場所を決めて、そこに棲む菌を使っていた。これまで、東南アジアとヒマラヤで多数の納豆生産現場を見てきたが、大豆を発酵させる場所は、囲炉裏の上、調理場の脇、または専用の小屋など、ほとんどの事例で固定されていた(写真5)。この実践は、枯草菌を完全にコントロールしているわけではないが、毎回同じ種類の発酵容器(葉や袋)を使い、同じ場所で納豆をつくることで、有用な枯草菌を安定的に利用しようと試みるセミ・ドメスティケーションの段階と捉えられる。おそらく植物をつかって発酵させる納豆の場合は、植物の葉から菌が供給されているので、菌と場所との関係は弱いであろう。しかし、段ボールやプラスチック・バックだけで発酵させるつくり方では、その場所に棲みついている菌の種類で納豆の品質が決まる。

しかし、これまでのドメスティケーションは、植物や動物のような人間の目に見えるものが議論の対象となり、見えない微生物のドメスティケーションの議論はほとんど行われていない。納豆の場合、人々がどのような在来知をもって発酵を担う微生物を維持しているのかといった新しいドメスティケーションのテーマを提供する。興味深い研究になりそうだが、これを実施するには、フィールドワーカーと微生物学者との協働が必要となる。

写真5　囲炉裏の上でプラスチック・バックに入れた大豆を発酵させる。2014年3月、カチン州プータオ

植物が抜け落ちた日本の納豆食文化

日本の糸引き納豆が調味料として使われていない理由は、麹づくりの技術を用いた醤が古代から生産され、そこから派生した味噌と醤油が中世には成立したからである。それでも江戸時代中期までは、納豆を汁に入れる味噌と同じような調味料的な利用が見られたが、江戸時代後期からは、納豆は醤油を混ぜてご飯の上にかけるおかずになり、現在に至っている。特に味噌が一般に普及した後は、あえてネバネバと糸を引く納豆を調味料として使う必要性が見い出せなかった。要するに、枯草菌で発酵させる糸引き納豆は、調味料としての利用では、麹で発酵させた味噌や醤油に負けたのである。

ところが、納豆を自給していた東北地方や新潟県では、今でも納豆汁を食べる食文化が残っている。また、麹と塩を混ぜて保存性を高めた塩麹納豆もつくられている。山形県庄内地方の各家庭では、現在でも大黒天への感謝と願いを込めた年越しの行事である「大黒様のお歳夜（としや）」を毎年12月9日に行っている。[*] 東北地方は、国内各地ですでに失われた納豆の調味料的な利用が残り、また人が神と共食する行事食での納豆利用も廃れずに続いており、納豆食文化が強く根付いている地域である。

しかし、日本の納豆食文化は、アジア納豆地帯の納豆食文化とは大きく異なる。それは、中尾佐助がアジアの納豆食文化の特徴を「ナットウはいわば大豆と植物とそれにつく菌の三種の、植物複合文化となっている」[**] と述べたが、現在の日本納豆は「植物」が完全に抜け落ちているからである。第2章で述べたように、1950年代後半から稲ワラでつくる納豆が消滅し、工業的な生産になった。それは日本納豆の食の安全を確立させるための食品加工技術の発展であった。同様の発展は、インドネシアにおけるテンペでも見られ、培養されたラギが生産に用いられるようになっている。培養した菌を用いる発酵大豆の生産は、将来的にはアジア納豆にも普及することが予想される。

稲ワラ納豆の復活

日本のような成熟社会では、工業的につくられる納豆とは違う納豆を求める人も一定の割合で存在し、また他社とは違う納豆をつくりたいと考える納豆生産者も存在する。食品衛生法の一部が1957年7月5日に改正され、納豆製造が許可制になってから稲ワラでつくる納豆は日本から消滅したが、ひっそりと2002年の秋に、稲ワラ納豆が国内に復活した。

稲ワラ納豆を復活させたのは、栃木県真岡市の株式会社フクダである。「ふくふく」のブランドで稲ワラから供給される納豆菌だけで大豆を発酵した納豆を2002年秋から販売している。先に「ひっそりと」と書いたのには訳がある。フクダは、全国の納豆生産業者が加盟する全納連

*——大黒様のお歳夜については、第3章を参照のこと。

**——はじめに19頁を参照のこと。

にも加盟していなければ、スーパーマーケットでの小売もしていない。那須の直営店とインターネットだけでそれを販売する。[*] 天然稲ワラでの納豆生産を始めたのは、1976年に電子部品製造業を立ち上げた福田良夫さんであった。福田さんのインタビューが掲載された『産業情報とちぎ』の記事によると、日本では徐々に中国などの海外に電子部品の製造工程が移転するようになり、新たな経営の柱を見つけようとしていた中で、地元農家がつくった稲ワラ納豆に出会い、昔ながらの納豆を復活させる事業に取り組んだと述べられていた。[†15]

2018年9月に那須の直営店を訪ね、2代目の福田貴光さんから話を伺った（写真6）。工場

写真6　株式会社フクダの福田貴光さんと「天然わら納豆ふくふく 大天元納豆（大粒）」。2018年9月、栃木県那須郡フクダの直営店

写真7　ワラ苞納豆を発酵させる時のステンレス容器。福田貴光さん提供

がある栃木県真岡市では昔から農家が納豆をつくっていたが、先代はまったく納豆をつくったことがない素人であった。最初は、ワラ苞で発酵させた納豆の品質が安定せずに苦労した。失敗の原因が、稲ワラなのか、大豆なのか、蒸し方や茹で方なのか、それとも発酵の温度と時間なのか、室の環境なのかまったくわからず、さまざまな人から助言を受けながら、一つずつ問題を潰していった。発酵させる時も、ワラ苞を寝かす方法と立てる方法の両方で比較したり、酸素が足りないのではないかと考え、室に酸素ボンベを持ち込んだりしたこともあったと言う。また、有機栽培で機械を使わずに収穫する稲ワラの入手にも相当苦労した。稲ワラからの菌の供給に関しては、雑菌を殺し、納豆菌だけを生かした状態にするために、ワラの煮沸試験を繰り返した。そして、保健所から衛生面の指導を受け、発酵室で使う木製の容器をステンレスにするなど、さまざまな改善を行った（写真7）。

ところが、生産が軌道に乗ってきた２００７年、フクダの工場は納豆菌ファージに感染してしまった。細菌に感染するウイルスのファージが発生すると、納豆の糸の引きが悪くなる、もしくはまったく糸引きがなくなる。[†16] ファージに汚染された時は、全ての生産をストップし、工場をす

＊——天然稲ワラ納豆が販売されると、その直後から雑誌メディアで取り上げられ人気を博した。たとえば、『Ｙｏｍｉｕｒｉ Ｗｅｅｋｌｙ』２００２年２０４８号、『ｄａｎｃｙｕ』２００３年４月号、『週間宝島』２００３年５９９号、『サライ・ムック とっておき美味贈答品カタログ——食にこだわる人たちが薦める、贈っても贈られてもうれしい名品１７８』２００３年、『じゃらん』２００４年25号、『ｄａｎｃｙｕ』２００５年６月号などの雑誌で取り上げられた。

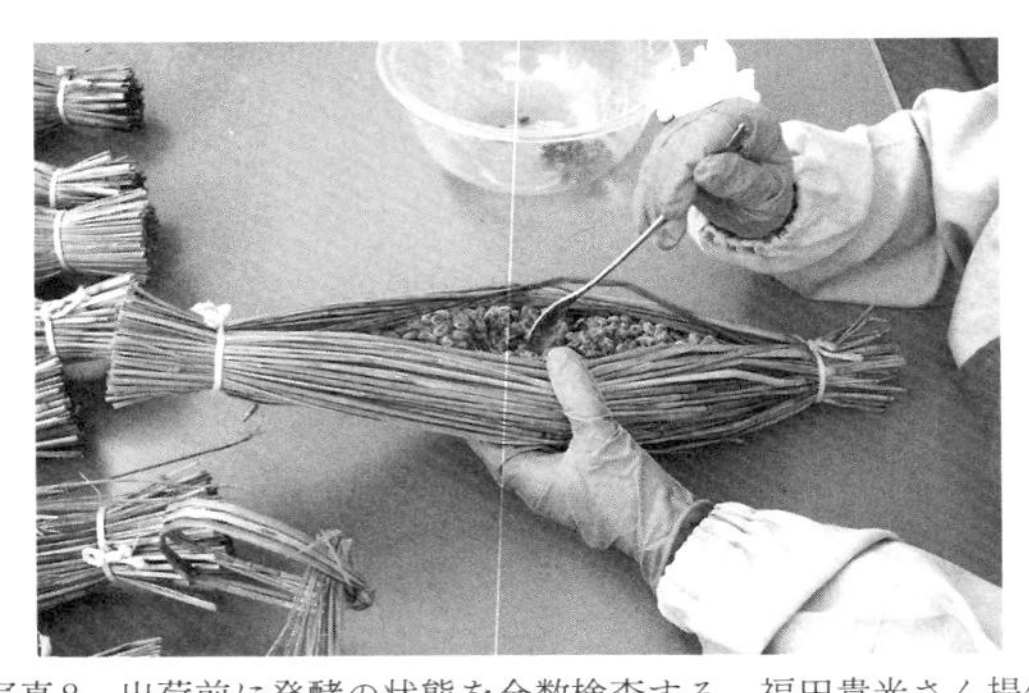

写真8　出荷前に発酵の状態を全数検査する。福田貴光さん提供

べて消毒した。現在は、順調に生産できているが、稲ワラから供給される菌だけに頼って納豆をつくるので、生産ロットによって品質がばらつくことがあり、出荷前には全数検査を行っている（写真8）。ただし、そこで不良品が見つかったからといって、すぐにその原因が特定できるわけではない。それが、稲ワラ納豆生産の難しさである。福田さんは「納豆は生き物」だと述べる。

日本納豆から納豆食文化の特徴である「植物」が抜け落ちて45年もの歳月が経っていたが、その「植物」を復活させたのは、全納連に加盟する納豆生産者ではなく、電子部品を製造していた素人のフクダであった。フクダは、納豆の知識もなく、天然稲ワラ納豆生産の難しさを認識していなかった。だからこそ、業界では無謀と思われていた天然稲ワラ納豆の生産に着手したのであった。しかし、そのチャレンジは、他人とは違うモノを求める消費者に受け入れられた。

私はフクダの直営店で、生まれて初めて国産の天然稲ワラで発酵させた納豆を食べた。天然稲ワラ納豆を一口食べると、普通にスーパーマーケットで売られている納豆とは違う特別な納豆であることはすぐにわかった。その味は、納豆を食べているというよりは、大豆を食べていると感じるぐらい豆の味が強い。「力強い納豆」と形容すればよいだろうか、アジア納豆に近い味のように感じた。かつて日本では、このような味の納豆が普通に食べられていたのかと思うと、昔の人たちがうらやましくなった。フクダの納豆を紹介する雑誌には、「塩だけで食べても美味しい」と紹介されていた[†17]。ミャンマーと中国徳宏で、ご飯にかけて食べる粒状納豆は、塩で味付けするので、アジア納豆に近い味がするフクダの天然稲ワラ納豆は、醤油ではなく、塩で味付けするアジア流の食べ方が合うのかもしれない。

納豆生産者の新しいチャレンジ

現在、フクダ以外にもいくつかの納豆生産者が天然稲ワラ納豆を生産している。そのうちの1社が、三重県松阪市で1950年から納豆を生産する奥野食品である。古くから三重県の人々に親しまれている「東京納豆」が奥野食品の看板商品である。そして全ての納豆を国産大豆でつくっているのが奥野食品のこだわりである。2019年7月に、奥野食品の2代目社長である奥野敦哉さんから、天然稲ワラ納豆についての話を伺った。

奥野さんは、フクダが天然稲ワラ納豆を販売する前に、稲ワラから菌を供給する納豆をつくりたいと思い、当時全納連の顧問であった納豆の研究者に相談したことがあった。しかし、企業と

写真9　奥野食品の天然稲ワラ納豆。2019年7月、自宅

して天然稲ワラ納豆を生産するのはリスクが大きいと言われ諦めた。そして、フクダが天然稲ワラ納豆を販売した後に再度相談したが、やはり「難しい」と言われたそうだ。それでも奥野さんは諦めずに、これまでの納豆生産の知識を活かし、天然稲ワラ納豆の生産にチャレンジし続けた。

奥野食品は、2007年に工場を全焼する災難に遭いながらも、納豆生産を再開し、天然稲ワラ納豆の生産方法を確立した。保健所にも説明に行き、生産の許可を得た。奥野さんは「すでにフクダさんがやっているので、稲ワラに付いている雑菌の殺菌をきちんと行えば問題ないと考えていた」と言う。最初に天然稲ワラ納豆の生産を試みたフクダの無謀とも思われた試みは、古くから納豆を生産する奥野さんのような納豆生産者にも新しいチャレンジを行う契機となり、奥野さんは「フクダさんに感謝している」と述べていた。

天然稲ワラ納豆は、2014年1月23日の埼玉県熊谷市の百貨店で行われた三重物産展でデビューした。菌の供給源として使ったのは、地元で収穫された無農薬栽培のイセヒカリ*の稲ワラであった。

奥野さんから貴重な天然稲ワラ納豆を1本いただいた（写真9）。フクダの天然稲ワラ納豆が、力強いパンチの効いた納豆だったので、おそらく奥野食品の天然稲ワラ納豆も同じような味だと予想していた。しかし、その納豆は、私が想像する味とは違い、豆の味はしっかりと感じられるのにマイルドであった。文章で味をうまく伝えることができないのがもどかしいが、納豆嫌いの人にも受け入れられそうな、クセのない味と表現すればわかっていただけるだろうか。フクダと奥野食品の天然稲ワラ納豆は、どちらも美味しいが、その味はかなり異なるのが意外であった。

天然稲ワラ納豆で地域がつながる

奥野食品の天然稲ワラ納豆の生産で最も苦労したのが、稲ワラの調達であった。すでに述べたように、日本の稲作は集約化され、化学肥料の投入と機械化が進み、安全な稲ワラを入手することは困難な状況である。奥野さんは、天然稲ワラ納豆をつくろうとした当初は、取引のある三重県内の農業組合法人から無農薬の稲ワラを入手できると考えていたが、期待する品質の稲ワラが調達できなかった。稲ワラ入手で困っていた時に知り合ったのが、三重県四日市市で伝統食材を

*——1989年に伊勢神宮の神田で発見されたコシヒカリの突然変異種。収穫前に2度の台風に見舞われ、神田のコシヒカリは全て倒伏したが、その中で数株だけ生き残っていた稲から採った種を試験栽培して生まれた。

写真10　天然稲わら納豆を守る会が実施する「ワラ組み」のイベントで脱穀機の使い方を教える「わたか農園」の植田さん。2019年11月、三重県松阪市

用いた食養*を普及する活動を行う「食養教室　素輪花」を主宰する上條貴子さんであった。地元の農業生産者とさまざまなコネクションを持つ上條さんの紹介により、無農薬無肥料で栽培されたイセヒカリの稲ワラの入手が可能になり、その稲ワラで納得のいく納豆をつくることができた。加えて上條さんは、在来大豆の振興にも関わっていた。したがって、奥野食品の天然稲ワラ納豆は、全て地元の材料と原料で生産している**。

奥野食品が2014年に天然稲ワラ納豆をつくり始めると同時に、上條さんは「天然稲わら納豆を守る会」を立ち上げた。天然稲わら納豆を守る会では、2015年から稲ワラ納豆を生産するための「ワラ組み」***をイベントとして開催している。無農薬無肥料栽培したイセヒカリの稲ワラを提供する松阪市の「わたか農園」のビニール・ハウスで毎年11月頃に市民が参加して、天然稲ワラ納豆をつくるための稲ワラを組む作業が行われている（写真10）。わたか農園では、天然稲ワラのイベントのために、長い寸法のワラを準備している。２０１７年のイベントからは、三重県立相可高校食物調理科の生徒が、参加した人に食事を提供する「炊き出し」が行われている。２０１９年のイベントでは、地元のケーブルテレビと新聞社が取材に訪れ、２０２０年のイベントでは三重県庁の職員の方々も参加した。

天然稲ワラ納豆を生産することで、生産者の奥野さんと地域でさまざまな活動をする上條さんが結ばれ、そこから無農薬無肥料の稲と在来大豆を生産する生産者が結ばれ、そして一般市民、これから調理師となる高校生が結ばれた。奥野食品の天然稲ワラ納豆は、一企業が成し得たものではなく、地域一体となってつくられた納豆食文化である。そして、天然稲ワラ納豆を通して、地域の伝統食材を見直す機運が芽吹き始めている。

周辺で形成される納豆食文化

アジア納豆地帯の位置を示した図1を見ると、それは穀醤卓越地帯から見ると西南端、魚醤卓越地帯から見ると西北端、ユーラシアの乳製品地帯から見ると東南端に位置する。中国でアジア

＊——食養とは、食で健康を維持する考え方で、風土性と自然食を強調する食物養生法である。

＊＊——現在、奥野食品でつくられている天然稲ワラ納豆は、奥野食品の店舗とネット販売で売られる三重県産大豆のフクユタカでつくられる「天然わら納豆」、そして素輪花から注文して購入する「天然稲わら納豆伊勢ひかり」の2つの販売チャネルが存在する。素輪花の納豆は、三重県菰野町でつくられている大豆「美里在来」とフクユタカの2種類が用意されている。

＊＊＊——乾燥させた稲ワラをそろえて切る作業。苞をつくる前段階までを行う。

納豆をつくっている雲南省最南端の徳宏や西双版納(シーサンパンナ)などのタイ系民族が住む地域は、穀醤をつくる中国の政治経済の中心地から見ると周辺と位置づけられる。[†18] 魚醤をつくるタイ、ラオス、ベトナムでも政治経済の中心地から見ると、納豆を調味料として利用するタイ系民族が住む盆地はいずれの国々でも周辺に位置する。そして、乳加工品のチーズやバターが調味料として利用されているヒマラヤ地域でも、ネパール系の納豆がつくられているネパール東部は、ネパールの首都カトマンズから遠く離れており、シッキム州もインドの大都市から遠く離れた僻地である。チベット系の納豆がつくられているブータン東部とアルナーチャルは、「文明のニッチ」と安藤和雄が呼ぶ独自の文化を築いている。[†19] すなわち、国家を中心として見ても、主要な調味料の分布から見ても、アジア納豆地帯は周辺に位置づけられる。

日本納豆に目を向けると、納豆食文化が形成されている東北地方は、政治経済の中心地である三大都市圏からは遠く離れた周辺である。京都にも京北地域で納豆を利用した食文化が見られるが、そこはアジア納豆と同じく山間部に位置している。いずれの地域でも、周辺とされる地域で納豆が調味料的に用いられ、納豆食文化が形成されていると言えそうだ。

周辺として位置づけられる地域では、なぜ調味料として納豆がつくられているのだろうか。2009年にアメリカの政治学者・人類学者のジェームズ・C・スコットは、『ゾミア—脱国家の世界史』を出版し、そこで中国西南部の高原から東南アジア大陸山地にかけて広がる周辺に置かれた地域に住む人たちの独特な生業と文化は、低地の政治経済を中心に形成されてきた国民国家に完全には吸収されておらず、それは周辺に住む人たちが国家から距離を置くための戦略であったという刺激的な議論を展開した。[†20] その地域をスコットは「ゾミア」と称した。アジア納豆地帯は完全にゾミアの地域内に含まれる。スコットの議論では、食文化に関する記述はないが、ゾミアの地域に住む人々は、主要な調味料である穀醤と魚醤とは異なる納豆をつくり続けることで、戦略として、中心となる国家を巧妙に拒否し続けてきたのではなかろうか。アジアと日本における納豆食文化の形成を同じ文脈で結論づけることは難しいが、ゾミアと重なるアジア納豆の成立と維持は、ゾミアの議論とも接合できる可能性がある。なぜそこで納豆がつくられ、その納豆が地域の食文化の中でどのような位置づけにあるのか、私が専門とする地理学だけでなく、今後隣接する文化人類学や民俗学、そして政治学の分野でも議論できたら、新たな研究の展開が見られるかもしれない。

アジア納豆地帯には、納豆を調味料として使う食文化が広がり、古くから魚醤でも穀醤でもない納豆を利用する食文化が成立していた。しかし、アジア納豆地帯のセンターとなっている東南アジア・タイ系とカチン系の納豆がつくられている地域でも、この半世紀で安価なＭＳＧや魚介類の発酵調味料が急速に普及している。最初は納豆と魚介類の発酵調味料が共存していたが、今では魚介類の発酵調味料が納豆に置き換わろうとしている。これを流通の進展とか、グローバル化という言葉で片付けてしまってよいのだろうか。納豆食文化が消え去ろうとしている現状を目の当たりにして、何ができるのかを考え、私は本書を執筆した。

日本では、東北地方に納豆食文化が根付いている。しかも、21世紀に入り、天然稲ワラ納豆が約半世紀ぶりに復活した。三重の奥野食品がつくる天然稲ワラ納豆は、地域が一体となってその復活に取り組んだ結果として、新たな納豆食文化が生まれた。日本では大豆と菌と植物の三種の植物複合文化を取り戻す動きが見られる。

納豆は周辺に位置づけられる地域の人々にとって、おかずになり、調味料にもなり、重要な食とみなされるソウルフードである。周辺とされる地域には、納豆以外にもさまざまな伝統的発酵食がつくられており、中には人々の健康維持や食文化に重要な役割を果たしているが、注目されていないものも多い。我々は世界各地の周辺でつくられている伝統的発酵食にも光を当て、それをいかに後世に継承するのかを考えていかなければならない。

参考文献

はじめに——アジアに広がる納豆食文化

†１　矢部規矩治（１８９４）「納豆ノ研究」東京化學會誌15、１９６－２０５頁。

†２　柳沢羊平（１９９７）「清酒酵母の発見者矢部規矩治博士」『日本醸造協会誌』92（5）、３６７－３６８頁。

†３　Sawamura, S. 1906. On the micro-organisms of Natto. *The Bulletin of the College of Agriculture, Tokyo Imperial University* 7 (1), pp. 107-110.

†４　木村啓太郎・久保雄司（２０１１）「納豆菌と枯草菌の共通点と違い」『日本醸造協会誌』１０６（11）、７５６－７６２頁。

†５　木内幹・三星沙織（２００８）「納豆菌」木内幹・永井利郎・木村啓太郎編『納豆の科学——最新情報による総合的考察』建帛社、16－17頁。

†６　①前掲４、②高尾彰一（１９９０）「納豆菌研究の近代史」『食の科学』１４４、38－43頁。

†７　①高野秀行（２０１６）『謎のアジア納豆——そして帰ってきた〈日本納豆〉』新潮社。②高野秀行（２０２０）『幻のアフリカ納豆を追え！——そして現れた〈サピエンス納豆〉』新潮社。③横山智（２０１４）『納豆の起源（ＮＨＫブックス１２２３）』ＮＨＫ出版。

†8 石毛直道・ケネス＝ラドル（１９９０）『魚醤とナレズシの研究――モンスーン・アジアの食事文化』岩波書店、３５４-３５９頁。

†9 前掲7③、２５３-２５５頁。

†10 中尾佐助（１９９２）「ナットウ――「分布と年代」の仮説」中尾佐助・佐々木高明『照葉樹林文化と日本――フィールド・ワークの記録』くもん出版、１９８-２００頁。

†11 前掲7③、68頁

†12 前掲7③、２７５-２９８頁

01 植物で決まる納豆の味

†1 Shin, D. and Doyoun J. (2015) Korean traditional fermented soybean products: Jang. *Journal of Ethnic Foods* 2 (1), 2-7.

†2 三星沙織・田中直義・村橋鮎美・村松芳多子・木内幹（２００７）「ミャンマーの大豆発酵食品ペーポの現地調査とペーポから分離された細菌を用いた糸引納豆の開発」『日本食品科学工学会誌』54(12)、５２８-５３８頁。

†3 ① Leejeerajumnean, A., Duckham, S. C., Owens, J. D. and Ames, J. M. (2001) Volatile compounds in Bacillus-fermented soybeans. *Journal of the Science of Food and Agriculture* 81 (5), 525–29. ②吉田よし子（２０００）『マメな豆の話――世界の豆食文化をたずねて（平凡社新書０３８）』平凡社、70頁。

†4 難波敦子・成暁・宮川金二郎（１９９８）「中国雲南省の『糸引き納豆』」『日本家政学会誌』49(2)、１９３-１９７頁。

†5 Chukeatirote, E.(2015) Thua nao: Thai fermented soybean. *Journal of Ethnic Foods* 2 (3), pp. 115–118.

†6 Sarkar, P. K. and Tamang, J. P. (1995) Changes in the microbial profile and proximate composition during natural and controlled fermentations of soybeans to produce Kinema. *Food Microbiology* 12, pp. 317–325.

†7 ① Singh, A., Singh, R. K. and Sureja, A. K. (2007) Cultural significance and diversities of ethnic foods of Northeast India. *Indian Journal of Traditional Knowledge* 6 (1), pp. 79-94. ② Mao, A. A. and Odyuo, N. (2007) Traditional fermented foods of the Naga tribes of Northeastern, India. *Indian Journal of Traditional Knowledge* 6 (1), pp. 37-41. ③ Sohliya, I., Joshi, S. R., Bhagobaty, R. K., and Kumar, R. (2009) Tungrymbai- A traditional fermented soybean food of the ethnic tribes of Meghalaya. *Indian Journal of Traditional Knowledge* 8 (4), pp. 559–561.

†8 横山智（２０１４）『納豆の起源（ＮＨＫブックス１２２３）』ＮＨＫ出版、２８０－２８２頁。

02 稲ワラ納豆の消滅

†1 三田智大（１９３６）「納豆の歴史」半澤洵編『納豆製造法 第３版』札幌納豆容器改良会、２２９－２８９頁。

†2 フーズ・パイオニア編（１９７５）『納豆沿革史』全国納豆協同組合連合会、48－49頁、81頁。

†3 Muramatsu, S. (1912) On the Preparation of Natto. *Journal of the College of Agriculture, Imperial University of Tokyo* 5 (1), pp. 81–94.

†4 ①若尾紀夫（２００９）「村松舜祐教授と宮澤賢治・成瀬金太郎（２）」『北水会報（岩手大学農学

部北水会)』117、8-16頁。②前掲2、162-164頁。

†5　前掲4①。

†6　高尾彰一(1990)「納豆菌研究の近代史」『食の科学』144、38-43頁。

†7　半澤洵編(1936)『納豆製造法 第3版』札幌納豆容器改良会、38-39頁。

†8　前掲2、165-168頁。

†9　①梅田茂雄(1954)『納豆のつくりかた』富民社。②山崎百治・三浦二郎(1949)『納豆の合理的製造法』産業評論社。

†10　松本埪(1955)「絲引納豆の食品衛生学的研究」日本衛生学雑誌9(4)、46-55頁。

†11　前掲2、92頁。

†12　前掲2、94頁。

†13　木村啓太郎・久保雄司(2011)「納豆菌と枯草菌の共通点と違い」『日本醸造協会誌』106(11)、756-762頁。

†14　佐藤隆子(2009)「宮城野納豆90年史―納豆菌に賭けた三浦家3代」『仙台学』8、92-95頁。

†15　渡辺杉夫(2002)『納豆―原料大豆の選び方から販売戦略まで(食品加工シリーズ5)』社団法人農山漁村文化協会、28頁。

†16　東京都経済局消費経済部編(1965)『都内納豆製造業実態調査書』東京都経済局。

†17　松永進(2008)「からし―マスタード」木内幹・永井利郎・木村啓太郎編『納豆の科学―最新情報による総合的考察』建帛社、24-26頁。

03 ワラ文化と納豆

†1 日本の食生活全集山形編集委員会編（1988）『日本の食生活全集6 聞き書 山形の食事』農山漁村文化協会、291頁。

†2 中村治（2016）「雑煮と納豆餅」京都学研究会編『京都を学ぶ［洛北編］——文化資源を発掘する』ナカニシヤ出版、200-217頁。

†3 江原絢子（2015）「ユネスコ無形文化遺産に登録された和食文化とその保護と継承」『日本調理科学会誌』48(4)、92-96頁。

†4 三浦貞栄治・森口多里・三崎一夫・今村泰子・月光嘉弘・和田文夫（1975）『東北の歳時習俗』明玄書房、185頁。

†5 前掲4、180頁。

†6 ①大本敬久（2015）「魂祭の歴史と民俗」『国立歴史民俗博物館研究報告』191、137-179頁。②小野寺正人（1970）「宮城県北東部の『ミタマ』の風習について」『日本民俗学』70、53-60頁。

†7 岩崎真幸（2000）「みたまの めし」福田アジオ・神田より子・新谷尚紀・中込睦子・湯川洋司・渡邊欣雄編『日本民俗大辞典（下）』吉川弘文館、610頁。

†8 前掲6②。

†9 前掲6①。

†10 宮崎清（1985）『藁（わら）Ⅰ』（ものと人間の文化史55-Ⅰ）法政大学出版局、188頁。

†11 三橋源一（2002）「ワラ文化の衰退からみる技能の考察——滋賀県朽木村を事例として」『農林業問題研究』145、227-230頁。

†12　秋田県広報協会（1976）「稲わらを考える――このかけがえのない資源」『あきた』15(10)、6－9頁。

04　アジアのおかず納豆

†1　吉田よし子（2000）『マメな豆の話――世界の豆食文化をたずねて（平凡社新書038）』平凡社、70頁。
†2　前掲1、79頁。
†3　横山智（2014）『納豆の起源（NHKブックス1223）』NHK出版、128－134頁。
†4　岩田慶治（1963）「東南アジアの市場とその商品」『人文研究（大阪市立大学大学院文学研究科）』14(10)、41－55頁。
†5　前掲3、104頁。

05　日本の発酵大豆とご飯にかける納豆

†1　関根真隆（1969）『奈良朝食生活の研究』吉川弘文館、181－230頁。
†2　前掲1、437頁。
†3　廣野卓（1998）『食の万葉集――古代の食生活を科学する（中公新書1452）』中央公論社、12、42頁。
†4　小栗朋之（2008）『醤油製造技術の系統化調査（国立科学博物館　技術の系統化調査報告10）』、129－208頁。
†5　飯野亮一（2000）「しょうゆの話　醤油の歴史②」『Food Culture（キッコーマン国際食文化

研究センター)』2、18-21頁。

†6 原田信男(２００５)『和食と日本文化―日本料理の社会史』小学館、66-69頁。

†7 菊地勇次郎(１９７３)「醤と豉」『日本醸造協會雑誌』68(7)、４８７-４９２頁。

†8 横山智(２０１４)『納豆の起源(ＮＨＫブックス１２２３)』ＮＨＫ出版、40-44頁。

†9 黒羽清隆(１９８４)『生活史でまなぶ日本の歴史』地歴社、75-79頁。

†10 江原絢子・東四柳祥子(２０１１)『日本の食文化史年表』吉川弘文館、55頁。

†11 石川松太郎校注(１９７３)『庭訓往来(東洋文庫２４２)』平凡社、１４１頁。

†12 吉田元(２０１４)『日本の食と酒(講談社学術文庫２２１６)』講談社、２３９頁。

†13 ①竹内理三編(１９７８)『多聞院日記 第1巻~第5巻(増補続史料大成第38巻~第42巻)』臨川書店。②前掲12、２３８頁。

†14 塙保己一編(２００２)『群書類従 第19輯管絃部・蹴鞠部・鷹部・遊戯部・飲食部(改訂3版)』続群書類従完成会、７９６頁。

†15 桜井秀・足立勇(１９３４)『日本食物史(上)』雄山閣、３８２頁。

†16 塙保己一編(１９９３)『群書類従 第23輯武家部(改訂3版)』続群書類従完成会、22-23頁。

†17 柴田芳成(２００３)「『精進魚類物語』作者に関する一資料」『京都大学國文學論叢』10、52-55頁。

†18 佐々木勇(２０１２)「広島大学蔵福尾文庫『精進魚類物語』室町中期写本 翻刻〈翻刻〉」『国語教育研究(広島大学国語教育会)』53、63-74頁。

†19 塙保己一編(１９９１)『群書類従 第28輯雑部(改訂3版)』続群書類従完成会、６２６-６４１頁。

†20　石井研堂編校訂（１９０１）「精進魚類物語」『万物滑稽合戦記』博文館、８頁。
†21　平野雅章（１９９０）「納豆文化考」『食の科学』１４４、16－22頁。
†22　伊藤信博（２００９）「植物の擬人化の系譜」『言語文化論集（名古屋大学大学院国際言語文化研究科）』31(1)、３－34頁。
†23　岡本勝（１９８２）『初期上方子供絵本集（貴重古典籍叢刊13）』角川書店、３２９頁。
†24　前掲23、２６７頁。
†25　寺島良安編、島田勇雄・竹島淳夫・樋口元巳訳注（１９９１）『和漢三才図会18（東洋文庫５３２）』平凡社、１８２－１８３頁。
†26　白井光太郎校註（１９７８）『大和本草 第一冊』有明書房、１３６－１３７頁。
†27　三田村鳶魚編（１９７７）「世のすがた」『未刊随筆百種 第６巻』中央公論社、38頁。
†28　喜田川守貞、宇佐美英機校訂（１９９６）『近世風俗志（守貞謾稿）(一)』岩波書店、２９６頁。
†29　吉井始子編（１９８１）『翻刻江戸時代料理本集成 第10巻』臨川書店、２６２－２６３頁。
†30　毛利光之（２０００）「味噌業界の現状と将来」『農林水産技術研究ジャーナル』23(9)、13－19頁。
†31　飯野亮一（２００３）「しょうゆの話　醤油の歴史④」『Food Culture（キッコーマン国際食文化研究センター）』５、11－14頁。
†32　日本の食生活全集新潟編集委員会編（１９８５）『日本の食生活全集15 聞き書 新潟の食事』農山漁村文化協会、１５７頁。
†33　日本の食生活全集岩手編集委員会編（１９８４）『日本の食生活全集３ 聞き書 岩手の食事』農山漁村文化協会、１５１頁。
†34　日本の食生活全集栃木編集委員会編（１９８８）『日本の食生活全集９ 聞き書 栃木の食事』農山

漁村文化協会、49頁。

06 東北の調味料納豆

†1 フーズ・パイオニア編（1975）『納豆沿革史』全国納豆協同組合連合会、180-181頁。

†2 日本の食生活全集福島編集委員会編（1987）『日本の食生活全集7 聞き書 福島の食事』農山漁村文化協会、41-42頁。

†3 日本の食生活全集新潟編集委員会編（1985）『日本の食生活全集15 聞き書 新潟の食事』農山漁村文化協会、208頁。

†4 日本の食生活全集青森編集委員会編（1986）『日本の食生活全集2 聞き書 青森の食事』農山漁村文化協会、238-239頁。

†5 日本の食生活全集山形編集委員会編（1988）『日本の食生活全集6 聞き書 山形の食事』農山漁村文化協会、191-192頁。

†6 前掲5、292頁。

†7 前掲2、42頁。

†8 前掲4、238-239頁。

07 アジアの調味料納豆

†1 横山智（2014）『納豆の起源（NHKブックス1223）』NHK出版、113-114頁。

†2 前掲1、293-294頁。

†3 吉田よし子（2000）『マメな豆の話——世界の豆食文化をたずねて（平凡社新書038）』平凡

社、71－74頁。
†4 石毛直道・ケネス＝ラドル（１９９０）『魚醤とナレズシの研究――モンスーン・アジアの食事文化』岩波書店、３５４－３５９頁。
†5 森枝卓士（２００５）『ベトナム・カンボジア・ラオス・ミャンマー（世界の食文化４）』農山漁村文化協会、２３５頁。
†6 平松茂実（２０１１）「味の素株式会社の戦後のグローバル化経営」『経営史学』46(3)、３－29頁。

08 ヒマラヤの調味料納豆

†1 横山智（２０１４）『納豆の起源（ＮＨＫブックス１２２３）』ＮＨＫ出版、２９１－２９８頁。
†2 タマン＝ジョティ・プラカッシュ（２００１）「キネマ」『Food Culture（キッコーマン国際食文化研究センター）』３、11－13頁。
†3 水野一晴（２０１２）『神秘の大地、アルナチャル――アッサム・ヒマラヤの自然とチベット人の社会』昭和堂、８頁。
†4 石塚修・木村啓太郎・横山智（２０１９）「日本人と納豆――アジアの中で味わいの歴史と多様性を考える」『科学』89(9)、７９６－８０６頁。
†5 ①吉田集而・小﨑道雄（１９９９）「シッキムの発酵食品」『季刊民族学』23(４)、34－45頁。②Tamang, J. P. (2010) *Himalayan Fermented Foods: Microbiology, Nutrition, and Ethnic Values.* CRC Press, pp. 66-67.
†6 前掲3、１５６頁。

†7　吉田よし子（2000）『マメな豆の話――世界の豆食文化をたずねて（平凡社新書038）』平凡社、76頁。

†8　松島憲一（2020）『とうがらしの世界（講談社選書メチエ728）』講談社、145－147頁。

†9　前掲7、76頁。

†10　前掲7、76頁。

†11　稲村哲也・タシ＝ドルジ・川本芳（2012）「ブータン極東部高地のメラックにおける牧畜の変化とその歴史的社会的背景」『ヒマラヤ学誌』13、283－301頁。

09　カビで発酵させる納豆

†1　①包啓安（1982）「醤と醤油の淵源とその生産技術について（1）」『日本醸造協會雑誌』77(6)、365－371頁。②伊藤寛・童江明・李幼筠（1996）「中国の豆豉（糸引納豆から粒味噌まで）1」『味噌の科学と技術』44(7)、216－221頁。③李幼筠・呉傳茂・呉周和・宋鋼・伊藤寛（1996）「中国の豆豉（糸引納豆から粒味噌まで）2」『味噌の科学と技術』44(8)、244－250頁。

†2　木村晟（1984）『『唐大和上東征伝』の解読本文』『駒澤大學文學部研究紀要』42、63－117頁。

†3　島田勇雄訳注（1975）『本朝食鑑（東洋文庫296）』平凡社、100－102頁。

†4　竹内徳男（1988）「豆味噌の製造と品質特性」『日本醸造協会誌』83(2)、105－111頁。

†5　伊藤寛・童江明（1994）「味噌、醤油の微生物」『日本食品微生物学会雑誌』11(3)、151

－157頁。

†6　寺島良安編、島田勇雄・竹島淳夫・樋口元巳訳注（1991）『和漢三才図会18（東洋文庫532）』平凡社、182頁。

†7　伊藤寛（1976）「浜納豆」『日本醸造協會雑誌』71(3)、173－176頁。

†8　近雅代・伊藤寛（1974）「浜納豆に関する研究（第2報）」『家政学雑誌』25(1)、21－26頁。

†9　前掲8。

†10　Shurtleef, W. and Aoyagi, A. (1985) *The Book of Tempeh: A Superfood from Indonesia* (2nd Edition). Harper & Row Publishers, p. 145.

†11　①吉田集而（1983）「カビがつくる食べもの――インドネシアの醗酵食品」『季刊民族学』7(3)、98－107頁。②吉田集而（1990）「カビと豆のフシギな関係」『季刊民族学』14(4)、102－111頁。

†12　前掲11②。

†13　前掲11②。

†14　前掲11①。

10　タイ・バンコクの納豆事情

†1　横山智（2014）『納豆の起源（NHKブックス1223）』NHK出版、126－134頁。

†2　UN-DESA (United Nations, Department of Economic and Social Affairs, Population Division) (2019) *World Urbanization Prospects: The 2018 Revision* (ST/ESA/SER.A/420). United Nations, p.77.

おわりに——納豆食文化の形成

†１　上山春平・佐々木高明・中尾佐助（１９７６）『続・照葉樹林文化論——東アジア文化の源流（中公新書４３８）』中央公論社、１９８‐２０４頁。

†２　横山智（２０１４）『納豆の起源（ＮＨＫブックス１２２３）』ＮＨＫ出版、２７３‐２９８頁。

†３　賈思勰撰、西山武一・熊代幸雄訳（１９７６）『校訂譯註　斉民要術・下（第3版）』アジア経済出版会、１０３‐１０５頁。

†４　吉田集而（１９９３）「大豆発酵食品の起源」佐々木高明・森島啓子編『日本文化の起源——民族学と遺伝学の対話』講談社、２２９‐２５６頁。

†５　阿部純・島本義也（２０１０）「大豆の起源と伝播」喜多村啓介他編『大豆のすべて』サイエンスフォーラム、３‐12頁。

†６　石毛直道・ケネス＝ラドル（１９９０）『魚醤とナレズシの研究——モンスーン・アジアの食事文化』岩波書店、90‐94頁。

†７　新田栄治（１９９５）「東北タイに残る伝統的内陸部製塩のエスノアーケオロジー」『東南アジア考古学会会報』15、84‐97頁。

†８　スティラック＝ニコム、吉川利治訳（１９７３）「先史時代発掘調査報告——タイ国ウドーンターニー県ノーンハーン郡バーンチエン」『民族學研究』32（2）、１７３‐１７９頁。

†９　①Sundhagul, M., Smanmathuroj, P. and Bhodacharoen, W. 1972. Thua-Nao: A fermented soybean food of northern Thailand. I. Traditional processing method. *Thai Journal of Agricultural Science* 5: pp. 43–56. ②前掲6、１８０‐１８１頁。

†10　稲村哲也・川本芳（２０２０）「ブータン極東部の牧畜社会とその変化」安藤和雄編『東ヒマラ

ヤ：都市なき豊かさの文明』京都大学学術出版会、391–419頁。
†11 安藤和雄（2020）「『高地文明』としての東ヒマラヤ——農耕からの視点」安藤和雄編『東ヒマラヤ——都市なき豊かさの文明』京都大学学術出版会、19–42頁。
†12 リンチン＝ツェリン＝ドゥンカルパ・安藤和雄・小坂康之（2020）「牧畜民と社会発展——ドゥンカルパ福祉協会の試み」、436–443頁。
†13 ①安藤和雄編『東ヒマラヤ——都市なき豊かさの文明』京都大学学術出版会。②奥宮清人編（2011）『生老病死のエコロジー——チベット・ヒマラヤに生きる』昭和堂。
†14 松井健（1989）『セミ・ドメスティケイション——農耕と遊牧の起源再考』海鳴社、81–107頁。
†15 栃木県産業振興センター（2004）「トップインタビュー——電子部品から「天然稲わら納豆」へ「粘り」の姿勢で経営革新に挑む」『産業情報とちぎ』285、5–6頁。
†16 吉本明弘・野村繁幸・本江元吉（1970）「納豆菌ファージ（第4報）納豆製造工場のファージ」『醗酵工学雑誌』48(11)、660–668頁。
†17 マガジンハウス編（2004）『Dr・クロワッサン 体の中からきれいになる食べ方。健康マクロビオティック料理』マガジンハウス、107頁。
†18 石島紀之（2004）『雲南と近代中国——〝周辺〟の視点から』青木書店、1–25頁。
†19 前掲11。
†20 スコット＝C・ジェームス、佐藤仁監訳（2013）『ゾミア——脱国家の世界史』みすず書房。

あとがき

本書は、農文協プロダクションが運営するWｅｂサイト『のう地』（http://knowchi.jp/）で２０２０年6～12月に連載した「アジア・ニッポン納豆の旅」（計10回）を大幅に加筆修正した文章に、書き下ろしの10章「タイ・バンコクの納豆事情」と「おわりに――納豆食文化の形成」を加えた構成になっております。

納豆をテーマに論じた書籍は、本書で2冊目となります。前著『納豆の起源』（２０１４年、ＮＨＫブックス）は、納豆の製法を論じてアジア納豆の起源を提示しました。本書『納豆の食文化誌』は、日本の発酵大豆の歴史、カビで発酵させた納豆、海外での日本納豆の普及などの新しい視点を交えて、納豆の利用を論じて納豆食文化の形成を明らかにしました。納豆のような身近な食べ物を通して、その歴史と食文化だけではなく、現地社会の変化、そして連綿と受け継がれてきた納豆づくりにかける人びとの情熱と在来知にも興味を持っていただけたなら、私が本書を著した目的が達成できたと思います。

本書には、前著『納豆の起源』で取り上げたアジアとヒマラヤの一部地域のデータを再録しておりますが、新しくラオスのピーナッツ納豆、ベトナム北部と中国徳宏のおかず納豆、ブータン東部の超熟成納豆、インドネシアのテンペ、バンコクの納豆生産、国内の各種納豆など、２０１５年以降に実施した計44地点の調査結果を加え、前著を読んでいただいた読者にも新しい発見ができるように構成しております。

本書は現地の納豆生産者や調査をアレンジしていただいた方々のご協力なしに出版できませんでした。現地調査にご協力いただいた全ての方々のお名前をここに記すことはできませんが、特にお世話になった方々のお名前を記して感謝の意を表します。中国徳宏調査をアレンジしていただいた小島敬裕さん（津田塾大学）と松田正彦さん（立命館大学）、貴重なブータン情報を提供してくださった久保淳子さん（ヤクランド）、バンコク調査をアレンジしていただいた森奈津子さん（北海道新聞社）、インドネシアのガジャマダ大学との調査アレンジに協力していただいた同僚の高橋誠さん、ベトナムでの調査の機会を与えてくれたグエン・ティ・ホン・ノックさん（ベトナム国家農業大学）、山形の佐野恒平さんと佐野洋平さん（米沢「ゆきんこ」）、そして秋田の辻卓也さん（秋田・大曲「菓子司つじや」）、この借りはいつか『倍返し』で、その恩に報いることができればと思います。

そして、発酵食品を研究する素晴らしい研究仲間にも恵まれました。２０１９年度から2年間、京都大学東南アジア地域研究研究所の共同利用・共同研究拠点「東南アジア研究の国際共同研究拠点」の課題として「東南アジア大陸部における発酵食文化の位置づけに関する総合的・通地域的研究」が採択され、研究メンバーの皆様から多くのアイデアをいただきました。文系と理系の研究者が発酵食品をテーマに議論する研究会は非常に刺激的でした。そこで交わされた議論は本書にも反映されています。また、「納豆研究の友」であるノンフィクション・ライターの高野秀行さんからは、数々の示唆に富むご指摘をいただき、それが本書執筆の原動力となっています。日頃から刺激をいただいている関係者のみなさまにお礼申し上げます。

　本研究は、日本学術振興会科学研究費補助金（JP24652160、JP15H02590、JP19K21662）、アサヒビール学術振興財団「２００９年度研究助成（生活文化）」、全国納豆協同組合連合会「第３回納豆研究奨励金」の助成を受けました。しかし２０２０年に関しては、ＣＯＶＩＤ－19のパンデミックによって、予定していた西アフリカの調味料納豆と東北の塩麹納豆の調査ができませんでした。その研究が実施できていれば、本書をより豊かな内容にできたかもしれません。非常に残念に思います。人類は細菌（枯草菌）と真菌（カビ）をコントロールして様々な発酵大豆をつくりだすことはできましたが、COVID－19というヒトや動物などの宿主の細胞に入り込むことで増殖するウイルスはコントロールできませんでした。

最後に、遅筆な私を根気強く待っていただいただけではなく、様々なわがままを聞き入れていただき、本書の企画と編集の労を取っていただいた農文協プロダクションの阿久津若菜さんと阿部道彦さんに、この場を借りてお礼申し上げます。特に阿久津若菜さんの献身的なサポートがなければ、本書は完成しませんでした。心より感謝いたします。

横山　智

2021年5月

横山　智◎よこやま さとし

名古屋大学大学院環境学研究科教授。１９６６年、北海道生まれ。１９９２〜94年まで青年海外協力隊員としてラオスで活動。筑波大学大学院博士課程地球科学研究科地理学・水文学専攻中退。熊本大学文学部助教授（准教授）などを経て、現職。博士（理学）。専門分野は文化地理学、東南アジア地域研究。著書に『納豆の起源』（ＮＨＫブックス）、編著書に『サステイナビリティ――地球と人類の課題』（朝倉書店）、『資源と生業の地理学』（海青社）、『モンスーンアジアのフードと風土』（明石書店）、『ラオス農山村地域研究』（めこん）などがある。

納豆の食文化誌

二〇二一年六月二〇日　第一刷発行

著者　横山　智

発行　一般社団法人　農山漁村文化協会
〒一〇七－八六六八　東京都港区赤坂七－六－一
電話　〇三－三五八五－一一四二（営業）
〇三－三五八五－一一四四（編集）
ファックス　〇三－三五八五－三六六八
振替　00120-3-144478
http://www.ruralnet.or.jp/

印刷・製本　（株）東京印書館

ISBN978-4-540-18117-7　〈検印廃止〉

編集・制作――（株）農文協プロダクション
ブックデザイン――堀渕伸治◎tee graphics